KONFLIKTGEMEINSCHAFT,
KATASTROPHE,
ENTSPANNUNG

KONFLIKTNÍ SPOLEČENSTVÍ,
KATASTROFA,
UVOLNĚNÍ

KONFLIKTNÍ SPOLEČENSTVÍ, KATASTROFA, UVOLNĚNÍ

Náčrt výkladu
německo-českých dějin od 19. století

Vydala
Společná česko-německá komise historiků

Mnichov 1996

OLDENBOURG

KONFLIKTGEMEINSCHAFT KATASTROPHE, ENTSPANNUNG

Skizze einer Darstellung der
deutsch-tschechischen Geschichte
seit dem 19. Jahrhundert

Herausgegeben
von der
Gemeinsamen deutsch-tschechischen Historikerkommission

München 1996

OLDENBOURG

CIP-Kurztitelaufnahme der Deutschen Bibliothek

Konfliktgemeinschaft, Katastrophe, Entspannung : Skizze einer
Darstellung der deutsch-tschechischen Geschichte seit dem
19. Jahrhundert / hrsg. von der Gemeinsamen Deutsch-
tschechischen Historikerkommission. – München :
Oldenbourg, 1996
    Parallelt.: Konfliktní společenství, katastrofa, uvolnění
    ISBN 3-486-56287-8
NE: Gemeinsame Deutsch-tschechische Historikerkommission;
    Konfliktní společenství, katastrofa, uvolnění

Gedruckt mit Unterstützung des
Deutschen Akademischen Austauschdienstes (DAAD)

Übersetzung ins Tschechische: Petr Dvořáček

Satz und Umschlaggestaltung: Michaela Marek

Druck und Einband: Gugath Druckerei und Verlag GmbH, München

ISBN 3-486-56287-8

OBSAH

INHALT

ÚVOD

Společné prohlášení ministrů zahraničních věcí České a Slovenské Federativní republiky a Spolkové republiky Německo z roku 1990 obsahuje dohodu, že bude založena "Společná komise historiků". Jejím úkolem má být "zkoumání a hodnocení společné historie národů obou zemí, především v tomto století", a to "v širokém historickém kontextu". Mají být "zahrnuty i pozitivní stránky vzájemného soužití, ale i tragické zkušenosti národů obou zemí v souvislosti se začátkem, průběhem a s výsledky druhé světové války." Závěrem se praví, že je žádoucí, aby veřejnost v Československu a ve Spolkové republice Německo byla o postupu prací informována. Po rozdělení České a Slovenské republiky vznikla komise česko-německá a slovensko-německá, které však zpravidla zasedají společně. Němečtí historici jsou členy obou těchto komisí.

Komise pracují bez jakýchkoli předem stanovených politických směrnic. Jsou nezávislými vědeckými grémii, která zkoumají a interpretují německo-české a německo-slovenské vztahy od 19. století se zvláštním zřetelem k jejich historickému zatížení a s cílem přispět k porozumění mezi oběma národy. Jsou přesvědčeny, že k tomu lze dospět pouze se znalostmi autentické historie a jedině tehdy, bude-li objasněn její osudový vývoj a docílí se otevřeného přístupu k ní. Toto pojetí považují za impulz pro současné i budoucí bádání.

Komise vydaly dosud tři sborníky. První z nich, "Němci, Češi, Slováci. Souběžné a rozdílné tendence jejich společenského vývoje 1815–1918", obsahuje příspěvky symposia, které se zabývalo národní emancipací Němců, Čechů a Slováků ve století od roku 1815 do roku 1914. V druhém svazku – byl pojmenován "Ztroskotání spolužití" – jsou shromážděny pří-

EINLEITUNG

In einer gemeinsamen Erklärung der Außenminister der Bundesrepublik Deutschland und der Tschechischen und Slowakischen Föderativen Republik von 1990 ist die Gründung einer "Gemeinsamen Historikerkommission" vereinbart worden. Ihre Aufgabe soll es sein, "die gemeinsame Geschichte der Völker beider Länder, vor allem in diesem Jahrhundert, gemeinsam zu erforschen und zu bewerten". Dies soll "in breitem historischem Kontext" geschehen, "einschließlich der positiven Seiten des gegenseitigen Zusammenlebens, aber auch der tragischen Erfahrungen der Völker beider Länder im Zusammenhang mit dem Beginn, dem Verlauf und den Ergebnissen des Zweiten Weltkrieges". Abschließend heißt es, es sei wünschenswert, daß die Öffentlichkeit in der Tschechoslowakei und in der Bundesrepublik Deutschland über den Fortgang der Arbeit der Kommission unterrichtet wird. Nach der Trennung der Tschechischen und der Slowakischen Republik entstand eine deutsch-tschechische und eine deutsch-slowakische Historikerkommission, die jedoch in der Regel gemeinsam tagen. Die deutschen Mitglieder gehören beiden Kommissionen an.

Die Kommissionen arbeiten ohne politische Vorgaben. Sie sind unabhängige wissenschaftliche Gremien, die das deutsch-tschechische und das deutsch-slowakische Verhältnis seit dem 19. Jahrhundert unter besonderer Berücksichtigung seiner historischen Belastungen und mit der Absicht untersuchen und interpretieren, einen Beitrag zur Verständigung zwischen den beiden Völkern zu leisten. Sie sind überzeugt, daß eine solche nur in Kenntnis der tatsächlichen Geschichte und nur dann möglich ist, wenn der verhängnisvolle Verlauf

spěvky konference, která se věnovala poměru Čechů, Němců a Slováků v období 1918 až 1939. Příspěvky třetího svazku, "Cesta do katastrofy", vycházejí z referátů na konferenci o německo-československých vztazích v letech 1938 až 1947. Čtvrtý svazek, který se zabývá dobou mezi lety 1948 a 1989, se připravuje k tisku.

Po této první chronologické "probírce", při níž pochopitelně nemohly být detailně brány v úvahu všechny podstatné problémy, komise počaly věnovat pozornost určitým ústředním problémům – nejprve první světové válce a jejím důsledkům. Ještě v tomto roce se bude konat konference k tématu nazvanému "Židovská emancipace, antisemitismus a pronásledování Židů v Německu, Rakousko-Uhersku, v českých zemích a na Slovensku". Dále se plánuje konference na téma "Odsuny a vysídlování ve středovýchodní Evropě v letech 1938–1947". Připravují se další konference, mj. na téma "Sociální a politická realita v Protektorátu Čechy a Morava" a "Říšská župa Sudety 1938–1945".

Ze zmíněných témat vyplývá, že komise se snaží podat německé, české a slovenské dějiny v jejich vlastním vývoji i ve vzájemných průnicích, jakož i v širších historických souvislostech, při čemž předem nevypouštějí žádný problém: rozdílná hodnocení toho, co se udalo, se vzájemně neharmonizují, nýbrž pojmenovávají a pak zůstávají předmětem dalšího výzkumu. Skutečnost, že většinou bylo možno dosáhnout značné shody, není teprve výsledkem práce těchto komisí, nýbrž německého, českého a slovenského bádání, zvláště v posledních desítiletích.

Do jak velké míry historická zátěž znesnadňuje politické dorozumění mezi Českou republikou a Spolkovou republikou Německo i v současnosti, dokazují obtíže při formulaci deklarace vlád obou států, která má doplnit Smlouvu mezi Českou a Slovenskou Federativní Republikou a Spolkovou republikou Německo o dobrém sousedství a přátelské spolupráci z roku 1992. Vzhledem k tomu se česko-německá komise na svém zasedání 3. a 4. května 1996 v Karlíku u Prahy usnesla, že vý-

dieser Geschichte erklärt und ein aufrichtiger Umgang mit ihr erreicht wird. Diese Auffassung betrachten sie als Impuls für die gegenwärtige und künftige Forschung.

Die Kommissionen haben bisher drei Sammelbände veröffentlicht. Der erste mit dem Titel "Ungleiche Nachbarn" enthält die Beiträge zu einem Symposion, das sich mit der nationalen Emanzipation bei Deutschen, Tschechen und Slowaken in dem Jahrhundert von 1815 bis 1914 beschäftigte. Im zweiten Band – er trägt den Titel "Das Scheitern der Verständigung" – sind Beiträge zu einer Tagung versammelt, die dem Verhältnis von Tschechen, Deutschen und Slowaken in der Periode 1918 bis 1939 gewidmet war. Die Beiträge zum dritten Band "Der Weg in die Katastrophe" beruhen auf Referaten zu einer Konferenz über die deutsch-tschechoslowakischen Beziehungen in den Jahren 1938 bis 1947. Band 4, der sich mit der Zeit von 1948 bis 1989 befaßt, wird demnächst in Druck gehen.

Nach diesem ersten chronologischen Durchgang, bei dem selbstverständlich nicht alle wesentlichen Probleme ausführlich berücksichtigt werden konnten, haben sich die Kommissionen bestimmten zentralen Problemen zugewandt – zunächst dem Ersten Weltkrieg und seinen Folgen. Noch in diesem Jahr wird eine Tagung zum Thema "Judenemanzipation, Antisemitismus und Judenverfolgung in Deutschland, Österreich-Ungarn, den böhmischen Ländern und der Slowakei" stattfinden. Weiterhin ist eine Konferenz zum Thema "Vertreibungen und Aussiedlungen in Ostmitteleuropa 1938–1947" geplant. Vorgesehen sind weitere Tagungen, u. a. zu den Themen "Soziale und politische Wirklichkeit im Protektorat Böhmen und Mähren" und "Der Reichsgau Sudetenland 1938–1945".

Die genannten Themen lassen erkennen, daß die Kommissionen die deutsche, tschechische und slowakische Geschichte in ihrer jeweils eigenen Entwicklung und in ihren Verflechtungen, überdies in größeren historischen Zusammenhängen zu zeigen bemüht sind. Sie klammern keine Probleme aus: Voneinander abweichende Bewertungen des Geschehenen wer-

sledky svých diskusí v krátkém tezovitém nástinu shrne a vydá jako svého druhu zatímní bilanci své činnosti. Na jejím vypracování se podílel i předseda slovenské komise, dr. Dušan Kováč.

Komise se soustředila především na témata, která se jí jevila jako politicky relevantní, převážně tedy na dějiny politické a socioekonomické. Další, pro vzájemné vztahy neméně závažné oblasti, jako např. kulturní historii či historii všedního dne, komise podrobněji projedná v budoucnosti.

Karlík/Mnichov, květen–srpen 1996

den nicht harmonisiert, sondern benannt und bleiben Gegenstand weiterer Forschung. Daß jedoch immer wieder weitgehende Übereinstimmung erreicht werden konnte, ist nicht erst das Ergebnis der Arbeit der Kommissionen, sondern der deutschen, tschechischen und slowakischen Forschung, zumal in den letzten Jahrzehnten.

Wie sehr die historischen Belastungen die politische Verständigung zwischen der Bundesrepublik Deutschland und der Tschechischen Republik auch in der Gegenwart noch erschweren, beweisen die Schwierigkeiten bei der Abfassung einer Deklaration der Regierungen beider Staaten, die den Vertrag zwischen der Bundesrepublik Deutschland und der Tschechischen und Slowakischen Föderativen Republik über gute Nachbarschaft und freundschaftliche Beziehungen von 1992 ergänzen soll. Angesichts dieser Situation hat die deutsch-tschechische Kommission in einer Sitzung am 3./4. Mai 1996 in Karlík bei Prag beschlossen, die Ergebnisse ihrer Diskussionen in einer kurzen, thesenartigen Darlegung zusammenzufassen und als eine Art Zwischenbilanz zu veröffentlichen. An ihrer Erarbeitung hat auch der Vorsitzende der slowakischen Kommission, Dr. Dušan Kováč, teilgenommen.

Die Kommission konzentrierte sich vor allem auf Themen, die ihr als politisch relevant erschienen, vorwiegend also auf die politische und sozioökonomische Geschichte. Andere für die gegenseitigen Beziehungen nicht minder wichtigen Bereiche wie z. B. Kulturgeschichte oder Alltagsgeschichte wird die Kommission in Zukunft ausführlicher behandeln.

Karlík/München, Mai–August 1996

1.

Ztroskotání politiky vzájemného vyrovnání

Když se František Palacký v roce 1848 odmítl účastnit dubnových voleb do německého Národního shromáždění ve Frankfurtu nad Mohanem, obyvatelstvo států Německého spolku si uvědomilo, že český národ pro sebe v rámci habsburské monarchie požaduje svébytnou politickou existenci, ačkoli jeho konstituování jako moderního národa je teprve v počátcích. Zatímco kroměřížská říšská ústava z roku 1849 byla založena na spolupráci německých a českých liberálů, v šedesátých letech se na široké základně zformovalo národní hnutí, které se stavělo proti byrokracii orientované na Vídeň a determinované ponejvíce německým prostředím. Národněpolitická strategie Čechů vycházela z přesvědčení, že habsburská monarchie je pro malé národy mezi Ruskem a Německem vhodnou formou jejich existence – ovšem za předpokladu, že ve vnitřních záležitostech habsburské monarchie musí dojít k důkladné federalistické přestavbě. Poté, co ztroskotala revoluce 1848/49, byla první příležitost k reformě habsburského mnohonárodnostního státu promeškána. Radikální české síly, které usilovaly o samostatný český stát, však zůstávaly v menšině.

S rakousko-uherským vyrovnáním z roku 1867, které Uhrám zajistilo dalekosáhlou autonomii, a se založením Německého císařství v roce 1870/71 vstoupilo soužití Čechů a Němců v českých zemích do nové fáze. Zatímco se německé měšťanské strany zasazovaly o stabilizaci a prioritu německého elementu, české národní hnutí usilovalo o principiální zrovnoprávnění Čechů s Němci při obsazování veřejných úřadů, o urychlené zdokonalení českého vzdělávacího systému a vzhledem k jasné německé převaze v průmyslu a hospodářství i o rovnost Čechů i Němců ve finanční a daňové politice. Vídeňská vláda se k vzájemným nárokům národností stavěla jako k určité záruce politické loajality, uspokojovala je jen částečně, a tím mezi národnostmi rozdmychávala vzájemné spory; neprojevovala ani ochotu k zásadním reformám a prokazovala rov-

1.

Die gescheiterte Ausgleichspolitik

Als František Palacký die Teilnahme an den Wahlen zur deutschen Nationalversammlung in Frankfurt am Main im April 1848 ablehnte, kam der Bevölkerung im Deutschen Bund zu Bewußtsein, daß das tschechische Volk innerhalb der Habsburgermonarchie eine eigenständige politische Existenz beanspruchte, wenngleich seine moderne Nationsbildung noch in den Anfängen stand. Während die Kremsierer Reichsverfassung 1849 auf einer Zusammenarbeit von deutschen und tschechischen Liberalen beruhte, kam es in den sechziger Jahren zur Herausbildung einer Nationalbewegung auf breiter Basis, die sich gegen die nach Wien orientierte, meist deutsch bestimmte Bürokratie stellte. Die nationalpolitische Strategie der Tschechen war auf der Überzeugung aufgebaut, daß die Habsburgermonarchie für die kleinen Völker zwischen Rußland und Deutschland die gegebene Form ihrer Existenz sei – unter der Bedingung jedoch, daß es in den inneren Angelegenheiten der Habsburgermonarchie zu einem gründlichen föderalistischen Umbau kommen müsse. Mit dem Scheitern der Revolution von 1848/49 war jedoch diese erste Gelegenheit zur Reform des habsburgischen Vielvölkerstaates versäumt. Die radikalen tschechischen Kräfte, die einen selbständigen Staat erstrebten, blieben allerdings immer nur eine Minderheit.

Mit dem österreichisch-ungarischen Ausgleich von 1867, der Ungarn weitreichende Autonomie sicherte, und der Gründung des Deutschen Reiches von 1870/71 trat das Zusammenleben von Tschechen und Deutschen in den böhmischen Ländern in eine neue Phase. Während die bürgerlichen deutschen Parteien für die Stabilisierung und den Vorrang des deutschen Elements eintraten, strebte die tschechische Nationalbewegung die prinzipielle Gleichstellung der Tschechen mit den Deutschen bei der Vergabe öffentlicher Ämter, den beschleunigten Ausbau des tschechischen Bildungswesens

něž čím dál menší schopnost dospět k pokojnému vyrovnání mezi národy a upravit v konstitučně demokratickém duchu ústavu Předlitavska, tj. západní poloviny Rakousko-Uherska. Po období pasivní rezistence se vedoucí čeští politici náhle přiklonili k tzv. "pozitivní politice": v naději na národní vyrovnání s Němci začali participovat na vídeňské vládě, resp. na orgánech ústřední moci. Tato pozitivní politika, kterou brzdil rostoucí vliv Německa, Uher a odpor předlitavských, zvláště českých Němců, ztrácela v české veřejnosti postupně podporu, a sice tou měrou, jakou v monarchii stagnoval demokratizační proces a monarchie se stále více ocitala ve sféře vlivu Německého císařství. Opětovné nezdary vyrovnávacích jednání a zvláště "Badeniho krize" roku 1897, pramenící z protestů německých stran, vyvolávaly rostoucí parlamentní obstrukce, prostředek, kterého střídavě užívali čeští i němečtí poslanci a který výtržnostmi nebo bojkotem ochromoval říšskou radu i český zemský sněm.

Rakouská říšská a státní krize způsobila, že monarchie do první světové války vstupovala bez fungujících parlamentních institucí. Během neustálých snah o národní vyrovnání se sice stanoviska obou stran, zvláště na Moravě, sblížila, k vyrovnání však před vypuknutím války už nedošlo – proto, že požadavek obnovy historického státního práva českých zemí odporoval německému programu rozdělení Čech na národnostní kraje. Soužití Čechů a Němců v českých zemích, trvající několik století, bylo v tomto období velmi těžce narušeno výbuchy bojovného nacionalismu.

und eine finanz- und steuerpolitische Gleichbehandlung angesichts des klaren deutschen Übergewichtes in Industrie und Wirtschaft an. Die Wiener Regierung, die wechselseitige Ansprüche der Nationalitäten als Unterpfand für politisches Wohlverhalten nur teilweise befriedigte und damit die Nationalitäten gegeneinander ausspielte, fand sich zu durchgreifenden Reformen nicht bereit und erwies sich als immer weniger imstande, einen friedlichen Ausgleich zwischen den Völkern zusammen mit einem konstitutionell-demokratischen Ausbau der Verfassung Zisleithaniens, d. h. der westlichen Reichshälfte Österreich-Ungarns, herbeizuführen. Nach einer Periode passiver Resistenz schwenkten führende tschechische Politiker auf eine sog. "positive Politik" ein: In der Hoffnung auf einen nationalen Ausgleich mit den Deutschen beteiligten sie sich an der Wiener Regierung bzw. den Organen der Zentralmacht. Diese positive Politik, die durch den wachsenden Einfluß Deutschlands und Ungarns sowie durch den Widerstand der zisleithanischen, insbesondere der böhmischen Deutschen gebremst wurde, verlor in der tschechischen Öffentlichkeit schrittweise an Zustimmung, und zwar in dem Maße, in dem der Demokratisierungsprozeß in der Monarchie stagnierte und die Monarchie zunehmend in den Einflußbereich des Deutschen Reiches geriet. Das wiederholte Scheitern der Ausgleichsverhandlungen und besonders die von dem Protest der deutschen Parteien ausgehende "Badeni-Krise" von 1897 hatten ein Ansteigen der parlamentarischen Obstruktion zur Folge, die, abwechselnd von tschechischen und deutschen Parlamentariern getragen, den Reichsrat und den böhmischen Landtag durch Störung oder Boykottierung lahmlegte.

Die österreichische Reichs- und Staatskrise bewirkte, daß die Monarchie in den Ersten Weltkrieg ohne funktionierende parlamentarische Institutionen eintrat. Der immer wieder angestrebte nationale Ausgleich, bei dem sich zwar die Einstellungen beider Seiten, insbesondere in Mähren, angenähert haben, kam aber – weil die Forderung, das historische Staatsrecht der böhmischen Länder zu erneuern, dem deutschen Programm der Aufteilung Böhmens in nationale Kreise ge-

2.
První světová válka a založení ČSR

V podmínkách první světové války se vyostřil nacionalismus německých stran, které se stavěly za užší spojení mezi Rakouskem a Německým císařstvím. Když pominuly české naděje na demokratickou přestavbu monarchie, jíž by se vyřešila i národnostní otázka, rozhodlo se radikální křídlo českého a slovenského národního hnutí pod vedením Tomáše G. Masaryka, Milana R. Štefánika a Edvarda Beneše zasazovat se o státní nezávislost obou národů a dosáhnout pro to podpory mocností Dohody.

Vzdor všeobecně rozšířené skepsi mezi Čechy stálo v okamžiku vypuknutí první světové války veškeré obyvatelstvo českých zemí ještě loajálně na straně monarchie. Po těžkých ztrátách v karpatských bitvách a v důsledku rostoucí zásobovací krize však ochota Čechů bojovat rychle ochabovala. Suspendování parlamentu, zostřená cenzura, odsouzení českých politiků a bezkoncepční působení ústřední vlády přispěly k polarizaci v zemi, ještě přiostřované tvrdým postupem státní moci proti stávkám a demonstracím.

Smrtí císaře Františka Josefa I. v listopadu 1916 navíc odešla z veřejného života osobnost, která byla důležitým pojítkem mezi národy a posilovala jejich loajalitu vůči monarchii. Ochota Čechů setrvat v monarchii bez zásadní přestavby monarchického habsburského státu v posledním roce války už prakticky neexistovala.

genüberstand, – vor dem Ausbruch des Krieges nicht mehr zustande.

Das mehrhundertjährige Zusammenleben von Tschechen und Deutschen in den böhmischen Ländern wurde in dieser Zeit durch Ausbrüche kämpferischen Nationalismus aufs schwerste beeinträchtigt.

2.

Der Erste Weltkrieg und die Staatsgründung der ČSR

Unter den Bedingungen des Ersten Weltkrieges verschärfte sich der Nationalismus der deutschen Parteien, die den engeren Zusammenschluß Österreichs mit dem Deutschen Reich befürworteten. Als die tschechischen Hoffnungen auf einen die Nationalitätenfrage lösenden demokratischen Umbau der Monarchie schwanden, entschloß sich der radikale Flügel der tschechischen und slowakischen Nationalbewegung unter Tomáš G. Masaryk, Milan R. Štefánik und Edvard Beneš dazu, für die staatliche Unabhängigkeit der beiden Nationen einzutreten und die Unterstützung der Ententemächte dafür zu gewinnen.

Trotz verbreiteter Skepsis bei den Tschechen stand die gesamte Bevölkerung der böhmischen Länder beim Ausbruch des Ersten Weltkrieges noch loyal zur Monarchie. Nach den schweren Verlusten in den Karpatenschlachten und infolge der wachsenden Versorgungskrise nahm die Kriegsbereitschaft bei den Tschechen allerdings rasch ab. Die Suspendierung des Parlaments, die verschärfte Zensur, die Verurteilung tschechischer Politiker und das konzeptionslose Agieren der Zentralregierung trugen zu einer Polarisierung im Lande bei, die sich durch hartes Vorgehen der Staatsmacht gegen Streiks und Demonstrationen zunehmend verschärfte.

Mit dem Tod Kaiser Franz Josephs I. im November 1916 trat zudem diejenige Persönlichkeit aus dem öffentlichen Le-

Tento pronikavý obrat nálady byl zároveň důsledkem aktivit československé zahraniční akce, která dokázala v dohodovém táboře vzbudit přesvědčení o nutnosti zásadní přestavby a demokratizace ve střední Evropě. České historické státní právo, přetvořené do podoby programu samostatné republiky, jejíž součástí měli na základě etnické příbuznosti být i Slováci, pozvolna nabývalo v české veřejnosti vrchu. Ochota vytvořit československou legii, propuknutí ruské revoluce, vstup USA do světové války, návrhy amerického prezidenta Wilsona na nové politické uspořádání s ohledem na právo na sebeurčení národů, jakož i dohody, které dojednal Masaryk s reprezentanty Slováků a Rusínů v USA, vytvořily předpoklady pro přijetí Československého národního výboru do tábora spojenců a pro akceptování požadavku národního státu.

Porážka centrálních mocností, neuspokojivé nabídky císaře Karla I. na přestavbu státu, nezbytnost zachovat klid a pořádek a také úsilí české společnosti o státní samostatnost, to všechno spolurozhodovalo při spontánním vyhlášení Československé republiky (ČSR) 28. října 1918. Němečtí obyvatelé okrajových oblastí Čech a Moravy, v nichž tvořili většinu, se v rozčarování ze zániku monarchie a z obav před následky pronikavých politických a sociálních proměn rozhodli s odvoláním na právo na sebeurčení národů, které navrhoval Wilson a které zprvu proklamovala mladá sovětská moc, připojit se k nově založené republice Německé Rakousko a s ní pak koneckonců k Německé říši; české nabídky k účasti ve vládě odmítli. Potlačení německých demonstrací 4. března 1919, v některých městech krvavé, postavilo další politické bariéry. Prosazení československé koncepce národního státu v historických hranicích českých zemí na pařížské mírové konferenci vyvolalo mezi Němci v českých zemích silné zklamání. Zkušenosti z válečného období a německé požadavky na připojení k Německému Rakousku zároveň na české straně prohloubily silnou nedůvěru.

Do revolučního Národního shromáždění ČSR, které 29. února 1920 přijalo parlamentně demokratickou ústavu, i když

ben ab, die eine wichtige Klammer zwischen den Nationen gebildet und deren Loyalität gegenüber der Monarchie gefördert hatte. Die Bereitschaft unter den Tschechen, ohne einen grundlegenden Staatsumbau in der Habsburgermonarchie zu verbleiben, war im letzten Kriegsjahr praktisch nicht mehr vorhanden.

Dieser Stimmungsumschwung war auch eine Folge der Aktivitäten der tschechoslowakischen Auslandsaktion, die im Lager der Entente das Bewußtsein der Notwendigkeit einer grundlegenden Umgestaltung und Demokratisierung in Mitteleuropa zu wecken wußte. Das historische böhmische Staatsrecht, umgeformt in das Programm einer selbständigen Republik, deren Bestandteil aufgrund ethnischer Verwandtschaft auch die Slowaken sein sollten, gewann allmählich in der tschechischen Öffentlichkeit Oberhand. Die Bereitschaft zur Aufstellung einer tschechoslowakischen Legion, der Ausbruch der russischen Revolution, der Eintritt der USA in den Ersten Weltkrieg, die Vorschläge des amerikanischen Präsidenten Wilson zur politischen Neuordnung unter Berücksichtigung des Selbstbestimmungsrechts der Völker sowie die von Masaryk getroffenen Vereinbarungen mit den Repräsentanten der Slowaken und Ruthenen in den USA schufen die Voraussetzungen für die Aufnahme des Tschechoslowakischen Nationalausschusses in das Lager der Alliierten und für die Übernahme der Nationalstaatsforderungen.

Die Niederlage der Mittelmächte, die unbefriedigenden Angebote Kaiser Karls I. zum Staatsumbau, die Notwendigkeit, Ruhe und Ordnung aufrechtzuerhalten, wie auch das Streben der tschechischen Gesellschaft nach Eigenstaatlichkeit waren mit ausschlaggebend für die spontan erfolgte Ausrufung der Tschechoslowakischen Republik (ČSR) am 28. Oktober 1918. In ihrer Enttäuschung über den Zusammenbruch und aus Furcht vor den Folgen einschneidender politischer und sozialer Veränderungen wurde in den mehrheitlich von Deutschen bewohnten Randgebieten der böhmischen Länder unter Berufung auf das von Wilson vorgeschlagene und von

přizpůsobenou potřebám "československého" státního národa, nebyli povoláni zástupci Němců, v neposlední řadě pro svůj odmítavý postoj vůči nově založenému státu. Přes jednotlivé nepokoje se Československé republice ve srovnání s jejími sousedy rychle podařilo konsolidovat se jako právní a sociální stát a stabilizovat svoje národní hospodářství.

3.

Národnostní politika v politickém systému první Československé republiky

Ačkoli nový "československý" státní národ tvořil pouze dvě třetiny obyvatelstva, byla v ústavě i Němcům, kteří představovali téměř jednu čtvrtinu občanů státu, s odvoláním na Masarykův výrok, že jsou "německy mluvícími Čechoslováky", přiznána sice práva individuální, ale jen málo menšinových

der jungen Sowjetmacht zunächst proklamierte Selbstbestimmungsrecht der Völker der Anschluß an die neugegründete Republik Deutsch-Österreich und damit letztlich an das Deutsche Reich beschlossen; tschechische Angebote zur Regierungsbeteiligung wurden abgelehnt. Die in einigen Städten blutige Niederwerfung deutscher Demonstrationen am 4. März 1919 errichtete weitere politische Barrieren. Die Durchsetzung der tschechoslowakischen Nationalstaatskonzeption in den historischen Grenzen der böhmischen Länder auf der Pariser Friedenskonferenz rief beträchtliche Enttäuschung unter den Deutschen der böhmischen Länder hervor. Zugleich wuchs aufgrund der Erfahrungen aus der Kriegszeit und des deutschen Verlangens nach einem Anschluß an Deutsch-Österreich auf tschechischer Seite starkes Mißtrauen.

Nicht zuletzt aufgrund ihrer ablehnenden Haltung dem neugegründeten Staat gegenüber wurden keine Vertreter der Deutschen in die Revolutionäre Nationalversammlung der ČSR berufen, die am 29. Februar 1920 eine parlamentarisch-demokratische, wenngleich vornehmlich auf das "tschechoslowakische" Staatsvolk zugeschnittene Verfassung verabschiedete. Der ČSR gelang es trotz gelegentlicher Unruhen im Vergleich zu ihren Nachbarn rasch, sich als Rechts- und Sozialstaat zu konsolidieren und ihre Volkswirtschaft zu stabilisieren.

3.

Die Nationalitätenpolitik im politischen System der Ersten Tschechoslowakischen Republik

Obgleich die neue "tschechoslowakische" Staatsnation nur zwei Drittel der Bevölkerung ausmachte, waren in der Verfassung selbst den fast ein Viertel der Staatsbürger stellenden Deutschen unter Berufung auf Masaryks Aussage, daß sie "deutsch sprechende Tschechoslowaken" seien, zwar indivi-

práv kolektivních. Rovněž Maďaři, Rusíni, Poláci a Židé neobdrželi žádná zvláštní skupinová práva, ale stejně jako Němci měli v parlamentním systému možnost své zájmy nerušeně hájit prostřednictvím svých stran.

ČSR podepsala smlouvu o ochraně menšin garantovanou Společností národů a zakotvila ji v ústavě. Přesto byla její poměrně široká ustanovení politikou malicherných šikan ze strany českých úřadů nezřídka znehodnocována. Dokonce i jazykové zákonodárství, v zásadě korektní, se v praxi často obcházelo. To vyvolávalo u Němců roztrpčenost, zvláště vzhledem k tomu, že případy znevýhodňování Ne-Čechů ve veřejném životě byly vnímány a zevšeobecňovány jako politická tendence. Obavy ze ztráty vlivu a vážnosti se skrývaly i za protesty proti pozemkové reformě prováděné údajně na účet Němců a katolické církve. Stejně tak jako mezi Slováky narážela i u německé menšiny na rozsáhlý odpor náboženská politika, zaměřená na omezování vlivu církve.

V důsledku redukce předimenzované veřejné správy klesl německý podíl mezi státními zaměstnanci pod proporcionální podíl na počtu obyvatelstva. Převážná většina Němců měla nicméně i nadále možnost používat svou mateřštinu jako úřední jazyk. K záměrné sociální nebo hospodářské diskriminaci nedocházelo. Právě německá menšina mohla za první republiky s dost velkorysou státní podporou udržovat svůj dobře vyvinutý školský a vzdělávací systém, kulturní zařízení a široké spektrum tisku, i když stížnosti na různé překážky nikdy neutichly.

Přestože ve srovnání s ostatními "následnickými státy" habsburské monarchie byla národnostní politika prováděna do značné míry korektně, nepodařilo se pražským vládám v relativně krátkém čase vyřešit rozpor mezi pojetím národního a národnostního státu a dosáhnout, aby se všechny menšiny bezvýhradně přihlásily ke státu a nabyly důvěry v jeho politické instituce. Pokojné a na dohodě založené urovnání sporných národnostních otázek mohlo mít reálnou naději na úspěch, kdyby sousední státy, zvláště Německá říše, které

duelle, aber nur wenige kollektive Minderheitenrechte eingeräumt worden. Auch Magyaren, Ruthenen, Polen und Juden erhielten keine gesonderten Gruppenrechte, sie konnten ihre Interessen allerdings ebenso wie die Deutschen durch ihre Parteien im parlamentarischen System ungehindert wahrnehmen.

Die ČSR hatte den vom Völkerbund garantierten Minderheitenschutzvertrag unterzeichnet und in der Verfassung verankert. Deren vergleichsweise weitgehende Bestimmungen wurden jedoch durch eine kleinliche Nadelstichpolitik seitens tschechoslowakischer Behörden nicht selten entwertet. Selbst die im Prinzip korrekte Sprachengesetzgebung wurde in der Anwendung häufig unterlaufen. Das rief bei den Deutschen Erbitterung hervor, zumal Fälle von Benachteiligung der Nicht-Tschechen im öffentlichen Leben als politische Tendenz wahrgenommen und verallgemeinert wurden. Die Ängste vor einem Verlust an Einfluß und Ansehen standen auch hinter den Protesten gegen die angeblich auf Kosten der Deutschen und der katholischen Kirche durchgeführte Bodenreform, wie auch die laizistische Religionspolitik auf weitverbreitete Ablehnung sowohl unter Slowaken als auch bei der deutschen Minderheit stieß.

Infolge des Abbaus der überdimensionierten öffentlichen Verwaltung sank der deutsche Anteil bei den Staatsbediensteten unter den Bevölkerungsproporz. Gleichwohl hatte die überwiegende Mehrheit der Deutschen auch weiterhin die Möglichkeit, ihre Muttersprache als Amtssprache zu benutzen. Eine gezielte soziale oder wirtschaftliche Diskriminierung fand nicht statt. Gerade die deutsche Minderheit konnte ihr gut entwickeltes Schul- und Bildungssystem, die kulturellen Einrichtungen und ein breites Pressespektrum in der Ersten Republik mit relativ großzügiger staatlicher Förderung aufrechterhalten, wenn auch Klagen über Behinderungen nie verstummten.

Obschon im Vergleich zu den anderen "Nachfolgestaaten" der Habsburgermonarchie die Nationalitätenpolitik der ČSR

měly zájem na oslabení ČSR, nezesilovaly ve třicátých letech
intervenční tlak a neudělaly z národnostních menšin nástroj
své politiky.

4.

"Negativismus" a "aktivismus" německých stran v ČSR

Dvě z německých stran zformovaných už před válkou, Němec-
ká národně socialistická strana dělnická (DNSAP) a Německá
národní strana (DNP), ve své antiparlamentární a autoritář-
ské orientaci vsadily po založení ČSR na příkrý konfrontační
kurs; zřejmě v důsledku své neústupnosti se jim při prvních
parlamentních volbách roku 1920 podařilo získat hlasy více
než jedné třetiny německých voličů. Německá sociálně demo-
kratická strana dělnická (DSAP), oslabená odštěpením svého
levého křídla a zprvu ještě v opozici vůči státu, Německá
křesťanskosociální strana lidová (DCVP) a Svaz německých
zemědělců (BdL) však v zájmu zlepšení politické, sociální a
hospodářské situace svého voličstva brzy projevily ochotu ke
konstruktivní spolupráci v poslanecké sněmovně a v senátu a
nenásledovaly "negativistické", nesmiřitelností a provokacemi
doprovázené aktivity pravicových radikálů, udržujících kon-
takty s nacionalistickými organizacemi v zahraničí.

Výsledek voleb roku 1925, při nichž se podíl německých pra-
vicových stran zredukoval na polovinu, korektní zahraničně-

weitgehend korrekt gehandhabt wurde, gelang es den Prager
Regierungen in der vergleichsweise kurzen Frist nicht, den
Widerspruch zwischen der Konzeption eines National- und
eines Nationalitätenstaates aufzulösen und ein uneinge-
schränktes Bekenntnis aller Minderheiten zum Staat und Ver-
trauen in seine politischen Institutionen herzustellen. Dabei
hätte eine friedliche und einvernehmliche Beilegung der na-
tionalen Streitpunkte realistische Chancen besessen, wenn
nicht in den 1930er Jahren die an einer Schwächung der ČSR
interessierten Nachbarstaaten, insbesondere das Deutsche
Reich, verstärkten Interventionsdruck ausgeübt und die na-
tionalen Minderheiten in der ČSR instrumentalisiert hätten.

4.

"Negativismus" und "Aktivismus"
der deutschen Parteien in der ČSR

Von den bereits vor dem Ersten Weltkrieg ausgeformten
deutschen Parteien setzten die Deutsche Nationalsozialisti-
sche Arbeiterpartei (DNSAP) und die Deutsche Nationalpar-
tei (DNP) in ihrer antiparlamentarischen und autoritären
Ausrichtung nach der Gründung der ČSR auf einen schroffen
Konfrontationskurs und konnten, möglicherweise infolge
ihrer unnachgiebigen Haltung bei den ersten Parlaments-
wahlen 1920, über ein Drittel der deutschen Wähler an sich
binden. Die Deutsche Sozialdemokratische Arbeiterpartei
(DSAP), durch die Abspaltung ihres linken Flügels ge-
schwächt, die am Anfang ebenfalls in Opposition dem Staat
gegenüber stand, die Deutsche Christlichsoziale Volkspartei
(DCVP) und der Bund der Landwirte (BdL) fanden sich im
Interesse der Verbesserung der politischen, sozialen und
wirtschaftlichen Belange ihrer Wählerschaft bald zu einer
konstruktiven Mitarbeit in Abgeordnetenhaus und Senat be-
reit und folgten nicht den "negativistischen", von Unversöhn-

politické vztahy mezi ČSR a Výmarskou republikou a připravenost převzít vládní spoluzodpovědnost – to všechno došlo v říjnu 1926 uznání: ministerský předseda Švehla pojal do koaliční měšťanské vlády křesťanské sociály a BdL a poskytl Němcům dvě ministerská křesla. Pro nadměrný pragmatismus na obou stranách nebyly vyčerpány všechny možnosti zvládnout národnostní otázku. Ochota německých "aktivistických" stran podílet se bez výhrad jako "rovný s rovným" na moci sloužila vládě též jako vítaný prostředek, jak navenek zvyšovat prestiž státu a odvracet pozornost od nezvládnutých otázek domácích. Bylo to tím zjevnější, čím méně se dařilo dosáhnout spektakulárních úspěchů ve zlepšování právního postavení menšin. Podíl německých stran na vládě se v roce 1929 ještě zvýšil příchodem sociálních demokratů, jež volila třetina Němců; vládní spoluúčast těchto stran, včetně stran slovenských, a to i těch, jež preferovaly slovenskou svébytnost, byla přitom v tehdejší střední a východní Evropě jevem ojedinělým. Úsilí vstřícného českého politického křídla soustředěného kolem Masaryka, které bylo nakloněno zejména dohodě s německou menšinou, brzdil odpor českých nacionalistických sil, reprezentovaných především národně demokratickou stranou. Úsilí masarykovského křídla nalezlo svůj výraz v představě o Němcích jako druhém státním národě v republice.

Přesto, že do kabinetu v prosinci 1929 vstoupila DSAP s početným členstvem, nedalo se zabránit zničujícím následkům světové hospodářské krize a zvyšující se politické radikalizaci v oblasti Sudet. Sudetoněmecká vlastenecká fronta (SHF)/Sudetoněmecká strana (SdP) se při květnových volbách v roce 1935 dík nejvyššímu počtu odevzdaných hlasů a dvěma třetinám německých mandátů stala nejsilnější německou stranou. Ve vládě i nadále zastoupené "aktivistické" strany, zděšeny těmito úspěchy, snažily se nalézt nové možnosti vyrovnání mezi Čechy a Němci. Iniciativa "aktivistů" z jara 1937, směřující ke zlepšení životních a pracovních podmínek Němců a jejich postavení, nemohla zabránit přílivu do SdP, kterou

lichkeit und Provokationen begleiteten Initiativen der mit na-
tionalistischen Organisationen im Ausland in Verbindung ste-
henden Rechtsradikalen.

Der Ausgang der Wahlen 1925, bei denen sich der Stim-
menanteil der deutschen Rechtsparteien um die Hälfte redu-
zierte, die korrekten außenpolitischen Beziehungen zwischen
der ČSR und der Weimarer Republik und die Bereitschaft,
Mitverantwortung zu übernehmen, wurden im Oktober 1926
von Ministerpräsident Švehla mit der Aufnahme der Christ-
lichsozialen und des BdL in eine bürgerliche Koalitionsregie-
rung sowie mit zwei Ministerposten honoriert. Infolge eines
übermäßigen Pragmatismus auf beiden Seiten wurden Mög-
lichkeiten zur Bewältigung der Nationalitätenfrage nicht aus-
geschöpft. Die Bereitschaft der "aktivistischen" deutschen
Parteien, ohne Vorbehalte als "Gleiche unter Gleichen" in der
Regierung mitzuwirken, diente der Regierung auch als will-
kommenes Mittel, das Ansehen des Staates nach außen zu he-
ben und von den unbewältigten Fragen im Innern abzulen-
ken. Dies wurde um so offensichtlicher, als spektakuläre Er-
folge bei der Verbesserung der Rechtsstellung der Minderhei-
ten ausblieben. Dabei stellte die Regierungsbeteiligung der
deutschen Parteien, 1929 noch verstärkt durch die von einem
Drittel der Deutschen gewählten Sozialdemokraten, neben
der Regierungsbeteiligung auch der slowakischen Parteien,
selbst solcher, die sich für slowakische Selbständigkeit ein-
setzten, im damaligen Mittel- und Osteuropa eine einzigarti-
ge Erscheinung dar. Der Widerstand der tschechischen natio-
nalistischen Kräfte gegen diese Entwicklung, vor allem reprä-
sentiert durch die nationaldemokratische Partei, bremste die
Bestrebungen eines verständigungsbereiten Flügels der tsche-
chischen Politik um Masaryk insbesondere zugunsten der
deutschen Minderheit. Diese Bestrebungen fanden ihren Aus-
druck in der Vorstellung von den Deutschen als zweites
Staatsvolk der Republik.

Trotz des Eintritts der mitgliederstarken DSAP im Dezem-
ber 1929 in das Kabinett konnten die verheerenden Folgen der

stále účinněji podporovala Německá říše. S výjimkou německých sociálních demokratů (DSAP), komunistů, jednoho křídla rolnické strany (BdL) a několika odhodlaných demokratů se všechny ostatní německé strany a organizace po "anšlusu" Rakouska v březnu 1938 podřídily Sudetoněmecké straně. Antifašističtí "aktivisté" po mnichovské dohodě pak za svou loajalitu k ČSR zaplatili pronásledováním a emigrací.

5.

Výmarská republika a Československo

Když u Čechů postupně vyprchalo prvotní nadšení z vítězství a u Rakušanů zklamání z rozpadu podunajské monarchie, začaly v poměru obou států převažovat v zásadě pozitivní rysy. Většího významu nabyly však vztahy s Německou říší. Ve své obtížné politické situaci se německé vlády snažily poměr k novému sousedu normalizovat. Oficiální německá zahraniční politika, na rozdíl od postoje nacionalistických kruhů, doporučovala sudetoněmeckým stranám, aby se s existencí Československé republiky vyrovnaly. Pražské politické elity, především v okolí Masarykově a Benešově, velmi brzy pochopily

Weltwirtschaftskrise und die zunehmende politische Radikalisierung im Sudetengebiet nicht verhindert werden. Aufgeschreckt durch die Erfolge der Sudetendeutschen Heimatfront/Sudetendeutschen Partei (SdP), die bei den Mai-Wahlen 1935 zur stimmenstärksten deutschen Partei aufstieg und zwei Drittel der deutschen Mandate errang, suchten die weiterhin in der Regierung vertretenen "aktivistischen" Parteien nach neuen Möglichkeiten eines Ausgleichs zwischen Tschechen und Deutschen. Eine auf eine Verbesserung der Lebens- und Arbeitsbedingungen abzielende und die Besserstellung der Deutschen anstrebende Initiative der "Aktivisten" im Frühjahr 1937 konnte den Zulauf zu der vom Deutschen Reich immer massiver unterstützten SdP nicht aufhalten, der sich nach dem "Anschluß" Österreichs im März 1938 mit Ausnahme der DSAP, der Kommunisten, eines Flügels des BdL und einiger entschiedener Demokraten die anderen deutschen Parteien und Organisationen unterordneten. Die antifaschistischen "Aktivisten" mußten ihre Loyalität zur ČSR nach dem Münchener Abkommen mit Verfolgung und Emigration bezahlen.

5.

Die Weimarer Republik und die Tschechoslowakei

Nachdem bei den Tschechen die ursprüngliche Euphorie des Sieges und bei den Österreichern die Frustration des Zerfalls der Donaumonarchie schrittweise verblaßt waren, entwickelte sich das Verhältnis beider Staaten im wesentlichen positiv. Größere Bedeutung gewannen nun aber die Beziehungen zum Deutschen Reich. Die deutschen Regierungen waren in ihrer schwierigen politischen Lage bemüht, das Verhältnis zum neuen Nachbarn möglichst zu normalisieren. Im Gegensatz zur Einstellung nationalistischer Kreise empfahl die offizielle deutsche Außenpolitik den sudetendeutschen Parteien, sich

význam dobrých – především hospodářských – vztahů s Německou říší. Přestože ČSR udržovala dobré vztahy s Francií, československá zahraniční politika brzy opustila tvrdý protiněmecký kurs. Praha podpořila mj. přijetí Německa do Společnosti národů, v jejíž radě přenechal Beneš své místo Stresemannovi.

Vztahy obou států byly korektní, i když stále křehké. Vzhledem k dynamickému hospodářskému rozvoji v Německu, které zvláště na východoevropských trzích ve stále větší míře vytěsňovalo československý export, narůstaly v Československu obavy, které ještě posilovala skutečnost, že nikdy nedošlo k "východnímu Locarnu". Německý návrh z roku 1928 na zřízení středoevropské celní unie Beneš v obavách z německé hegemonie odmítl. Dával naproti tomu přednost dohodě menších středoevropských států, které pak měly s Německem intenzivněji spolupracovat. Vzájemná distance mezi oběma státy se ještě prohloubila německými snahami z roku 1931 o německo-rakouskou celní unii, kterou Praha z obav před "obklíčením" pomáhala podlomit.

Z hlediska obou zemí závisel stav vzájemných vztahů do značné míry na hospodářském vývoji. V ohledu politickém hrálo v obou státech pozitivní roli demokratické parlamentní zřízení. V době světové hospodářské krize, během níž byl systém výmarské demokracie stále více zpochybňován, prohlubovala se v československé politice nedůvěra. Osudový zvrat pozitivního vývoje sousedských vztahů obou států přišel však teprve s rokem 1933. Nacistická vláda od samého počátku uplatňovala vůči Československu bezohlednou hegemonistickou politiku, která zatěžovala i vnitřní situaci ČSR.

mit der Existenz der Tschechoslowakischen Republik zu arrangieren. Die politischen Eliten Prags, besonders um Masaryk und Beneš, haben sehr bald die Bedeutung guter – vor allem wirtschaftlicher – Beziehungen zum Deutschen Reich begriffen. Trotz der guten Beziehungen der ČSR zu Frankreich gab die tschechoslowakische Außenpolitik den schroff antideutschen Kurs bald auf. Prag unterstützte u. a. die Aufnahme Deutschlands in den Völkerbund, in dessen Rat Beneš Stresemann seinen Posten überließ.

Die Beziehungen der beiden Staaten waren korrekt, jedoch stets fragil. Angesichts der deutschen wirtschaftlichen Dynamik, die den tschechoslowakischen Export besonders auf den osteuropäischen Märkten zunehmend verdrängte, wuchsen in der Tschechoslowakei die Besorgnisse, die durch das Nichtzustandekommen eines "Ost-Locarno" verstärkt wurden. Den deutschen Vorschlag einer mitteleuropäischen Zollunion von 1928 hat Beneš aus Furcht vor einer deutschen Hegemonie abgelehnt. Im Gegensatz dazu hat er einem Übereinkommen der kleineren zentraleuropäischen Staaten den Vorrang gegeben, die dann mit Deutschland eine engere Zusammenarbeit betreiben sollten. Die Distanz zwischen beiden Staaten hat sich durch die deutschen Bemühungen um eine deutsch-österreichische Zollunion von 1931 vertieft, die Prag in der Furcht vor "Einkreisung" unterminieren half.

Der Zustand der beiderseitigen Beziehungen hing für beide Länder in beträchtlichem Maß von der wirtschaftlichen Entwicklung ab. In politischer Hinsicht spielte die demokratisch-parlamentarische Verfassung beider Staaten eine positive Rolle. In der Zeit der Weltwirtschaftskrise, in der das System der Weimarer Demokratie zunehmend in Frage gestellt wurde, vermehrte sich das Mißtrauen in der tschechoslowakischen Politik. Die verhängnisvolle Wendung in der positiven Entwicklung der Nachbarschaft beider Staaten setzte jedoch erst mit dem Jahr 1933 ein. Die nationalsozialistische Regierung betrieb von Anfang an der Tschechoslowakei gegenüber rücksichtslos eine Hegemonialpolitik, die auch die innere Lage der ČSR belastete.

6.

Světová hospodářská krize a její politické důsledky

Světová hospodářská krize postihla ČSR jako celek, nejhůře však hustě osídlená německá okrajová území českých zemí. Tam byla převážná část strukturálně slabého lehkého a spotřebního průmyslu, který za hospodářské krize přišel až o dvě třetiny svých odbytišť. Byla-li v roce 1928 zaměstnanost na československém pracovním trhu přibližně vyrovnaná, v letech 1932 až 1938 dosáhla nezaměstnanost mezi německým obyvatelstvem míry daleko vyšší než v sousedním Německu a v poměru k českému obyvatelstvu byla zhruba třikrát vyšší. Už míra nezaměstnanosti v Říši počátkem třicátých let byla krizovým symptomem. Její téměř dvakrát větší rozsah mezi Němci v Čechách, na Moravě a ve Slezsku vedl k akutnímu strádání z hladu; přežít bylo možno snad pouze díky rozšířenému jevu takzvaných průmyslových vesnic s doplňkovým zásobováním dělnických domácností z přidruženého chalupnického hospodářství.

Skutečnosti, že oblasti německého osídlení byly hospodářskou krizí postiženy nepoměrně silněji, využila nacionálně orientovaná politická propaganda v zemi, aby československou vládu obvinila z jednostranné hospodářské politiky. Od roku 1931 se začalo hovořit o oblastech ve stavu nouze a byly požadovány státní zakázky; podpora v nezaměstnanosti byla naprosto nedostačující. "Plány na překonání krize" přitom ztroskotávaly nejen na finančních možnostech, ale i na byrokratické strnulosti. Dobové výtky nacionální jednostrannosti se sice v mnohotvárné politice profesních svazů a zájmových uskupení oněch let nedaly mimo jakoukoli pochybnost prokázat, ale ani vyvrátit.

Celý tento vývoj byl vzhledem k hospodářskému vzestupu v sousedním Německu od Hitlerova příchodu k moci v roce 1933 ještě silněji pociťován jako záměrné národnostní znevýhodňování.

6.

Die Weltwirtschaftskrise und ihre politischen Auswirkungen

Die Weltwirtschaftskrise traf die ČSR im ganzen, die dichtbe-
siedelten deutschen Randgebiete Böhmens und Mährens aber
am schwersten. Dort war der überwiegende Teil der struktur-
schwachen Leicht- und Konsumgüterindustrie angesiedelt,
die unter der Weltwirtschaftskrise bis zu zwei Dritteln ihrer
Absatzmöglichkeiten verlor. Bei annähernd ausgeglichener
Beschäftigungslage auf dem tschechoslowakischen Arbeits-
markt im Jahr 1928 erreichte die Arbeitslosigkeit zwischen
1932 und 1938 einen weitaus höheren Anteil unter der deut-
schen Bevölkerung als im benachbarten Deutschland und
einen annähernd dreimal so hohen wie unter der tschechi-
schen Bevölkerung der ČSR. Bereits die Höhe der Arbeitslo-
sigkeit im Reich in den frühen dreißiger Jahren war ein
Krisensymptom. Das ungefähr doppelt so hohe Ausmaß bei
den Deutschen in Böhmen, Mähren und Schlesien führte zu
Hungerkrisen und ließ sich wohl überhaupt nur ertragen auf-
grund der verbreiteten Siedlungsstruktur in sogenannten In-
dustriedörfern mit kleinbäuerlicher Nebenerwerbsversorgung
der Arbeiterhaushalte.

Die Tatsache der ungleich stärkeren Betroffenheit der
deutschen Siedelgebiete von der Weltwirtschaftskrise wurde
von der nationalpolitisch orientierten Meinungsbildung im
Lande benutzt, um die tschechoslowakische Regierung einer
einseitigen Wirtschaftspolitik zu beschuldigen. Bei einer völ-
lig ungenügenden Arbeitslosenunterstützung sprach man seit
1931 von Notstandsgebieten und forderte Staatsaufträge.
"Antikrisenpläne" scheiterten nicht nur an den finanziellen
Möglichkeiten, sondern auch an der Unbeweglichkeit der Bü-
rokratie. Zeitgenössische Vorwürfe der nationalen Einseitig-
keit ließen sich in der vielfältigen Verbands- und Interessen-
politik jener Jahre zwar nicht zweifelsfrei belegen, aber auch
nicht entkräften.

Angesichts des Wirtschaftsaufschwunges im benachbarten
Deutschland seit Hitlers Regierungsantritt 1933 wurde diese

7.

Důsledky převzetí moci Hitlerem pro Československo
a vztah Německé říše k Československu

Hitlerovy volební úspěchy od roku 1930, jeho požadavek revize versailleského smluvního systému a jeho antisemitská propaganda nalezly odezvu i u Němců v ČSR. Znovuobsazení demilitarizovaného Porýní a zavedení všeobecné branné povinnosti v Německu zhusta pociťovali jako obnovu spravedlivých poměrů. Zájem o německý nacismus tak vzrůstal i mezi Němci v Čechách a na Moravě. Zatímco se nouzový stav do roku 1938 zejména v německých oblastech v Československu zlepšil jen nepatrně, vnímali právě zdejší Němci jako mimořádný úspěch odstranění nezaměstnanosti, jehož Hitler v Německu docílil skrytým zbrojením.

Příchod tří až pěti tisíc odpůrců nacistického režimu do Československa a záhy po nich i lidí pronásledovaných na základě německých takzvaných rasových zákonů, setkal se za těchto okolností mezi německým obyvatelstvem s pramalou pozorností, v tisku Henleinovy Sudetoněmecké strany dokonce s odmítavým postojem. Pomoci se snažila pouze Německá sociálně demokratická strana a komunisté. Čeští demokraté se k uprchlíkům stavěli pozitivněji, ale i zde těžiště ochoty pomoci leželo na levém křídle stranického spektra. Němečtí emigranti Prahu na krátkou dobu proměnili v protinacistické opoziční centrum, které pomocí rozhlasu a brožur působilo i směrem do Německa.

Vystoupení Německa ze Společnosti národů roku 1933 celé mezinárodní veřejnosti předvedlo, jak nevypočitatelná je Hitlerova politika. Přetrvávající účinky celosvětové hospodářské krize zároveň bránily garančním mocnostem veisailleského

Entwicklung noch stärker als beabsichtigte nationale Benachteiligung empfunden.

7.

Die Folgen der Machtergreifung Hitlers für die Tschechoslowakei und deren Beziehungen zum Deutschen Reich

Hitlers Wahlerfolge seit 1930, seine Revisionsforderung an das Versailler Vertragswerk und seine antisemitische Propaganda fanden auch bei den Deutschen in der ČSR Widerhall. Die Wiederbesetzung des entmilitarisierten Rheinlands und die Einführung der allgemeinen Wehrpflicht in Deutschland wurden vielfach als Wiederherstellung gerechter Verhältnisse empfunden. Damit wuchs auch unter den Deutschen in Böhmen und Mähren das Interesse am deutschen Nationalsozialismus. Vornehmlich aber erschien ihnen die Beseitigung der Arbeitslosigkeit in Deutschland durch Hitlers getarnte Aufrüstungspolitik als eine besondere Leistung, während die Notstandsverhältnisse gerade in den deutschen Siedlungsgebieten der Tschechoslowakei bis 1938 nur wenig Besserung erfahren hatten.

Unter diesen Umständen fand auch die Flucht von 3 000 – 5 000 Gegnern des nationalsozialistischen Regimes und bald auch von Verfolgten aufgrund der sogenannten deutschen Rassengesetze in die Tschechoslowakei seit 1933 unter der deutschen Bevölkerung wenig Beachtung, in der Presse von Henleins Sudetendeutscher Partei sogar Ablehnung. Nur die Deutsche Sozialdemokratische Partei und die Kommunisten suchten zu helfen. Tschechische Demokraten verhielten sich aufgeschlossener, aber auch hier lag das Gewicht der Hilfsbereitschaft im linken Flügel des Parteienspektrums. Deutsche Emigranten machten Prag für kurze Zeit zu einem antinationalsozialistischen Oppositionszentrum, das über Rundfunk und Broschüren auch nach Deutschland wirkte.

mírového uspořádání, aby aktivně reagovaly. Když pak v roce 1935 ztroskotalo mezinárodní úsilí o Východní pakt, který by zahrnoval i Německo, československá vláda ještě posílila své vazby s Francií a v témže roce uzavřela obranný a spojenecký pakt se Sovětským svazem. Otevřený zásah Německa a Itálie do španělské občanské války, poté co západní velmoci výslovně vyhlásily neutralitu, přispěl k politické polarizaci i v Československu. Zákony na ochranu republiky proti podvratné činnosti "pátých kolon" byly mezi německým obyvatelstvem zhusta chápány nacionálně, jako zákony "nepřátelské Němcům".

Německé strany se na vládě podílely od roku 1926. Německá křesťanskosociální strana lidová, Svaz německých zemědělců a Německá sociálně demokratická strana dělnická se od té doby až do března 1938 pokoušely společně, popř. střídavě svou podporou vlády v parlamentu a dvěma až třemi ministry v kabinetu aktivně se podílet na politickém životě Československé republiky. Otázka, do jaké míry se jejich úsilí setkávalo s náležitou vstřícností, do jaké míry se "aktivisté" nechali ovlivnit úspěchy Sudetoněmecké strany a jak dalece pak propadli vlivu říškoněmecké propagandy, vyžaduje další zkoumání.

8.

Německá menšina a proměny její orientace

Ve volbách v roce 1925 dosáhly takzvané "aktivistické" strany dvou třetin všech německých hlasů v Československu. Když však v neztenčené míře nezaměstnanost trvala a dezoriento-

Deutschlands Austritt aus dem Völkerbund 1933 ließ Hitlers Politik vor internationalem Forum als unberechenbar erscheinen. Gleichzeitig behinderten die Fortwirkungen der weltweiten Wirtschaftskrise die Reaktionen der Garantiemächte der Friedensordnung von Versailles. Nach dem Scheitern internationaler Bemühungen um einen Ostpakt unter Einschluß Deutschlands 1935 verstärkte die tschechoslowakische Regierung deshalb ihre Bindungen an Frankreich und schloß 1935 einen Verteidigungs- und Beistandspakt mit der Sowjetunion. Der unverhohlene Eingriff Deutschlands und Italiens in den spanischen Bürgerkrieg bei ausdrücklich erklärter Neutralität der westlichen Großmächte verschärfte die politischen Polarisierungen auch in der Tschechoslowakei. Staatsschutzgesetze gegen eine Unterminierung durch "fünfte Kolonnen" wurden in der deutschen Bevölkerung vielfach national und als "deutschfeindlich" gedeutet.

Seit 1926 beteiligten sich deutsche Parteien an der Regierung. Miteinander bzw. abwechselnd suchten die Deutsche Christlichsoziale Volkspartei, der Bund der Landwirte und die Deutsche Sozialdemokratische Arbeiterpartei von da an bis zum März 1938, durch ihre Unterstützung der Regierung im Parlament und zwei bis drei Minister im Kabinett aktiv im politischen Leben der tschechoslowakischen Republik mitzuwirken. Die Frage, wieweit ihr Einsatz auf ein entsprechendes Entgegenkommen traf, wie weit sich die "Aktivisten" durch Erfolge der SdP beeindrucken ließen und bald auch der reichsdeutschen Propaganda anheimfielen, bedarf weiterer Untersuchung.

8.

Die deutsche Minderheit
und die Wandlungen ihrer Orientierung

Miteinander erreichten die sogenannten drei "aktivistischen" Parteien in den Wahlen von 1925 zwei Drittel aller deutschen

vala lidi, počalo se vzmáhat sjednocovací nacionální hnutí nazvané "Sudetendeutsche Heimatfront" (SHF: Sudetoněmecká vlastenecká fronta) pod vedením Konrada Henleina; hnutí, přejmenovanému na "Sudetoněmeckou stranu" se pak v parlamentních volbách v květnu 1935 podařilo získat 64% všech německých hlasů. Toto hnutí, zprvu ještě vnitřně nevyhraněné, mělo od samého počátku antiparlamentární ráz a bylo poplatné německému hegemonistickému myšlení. Jako politická strana s největším počtem hlasů ve státě se hnutí jak ve svých záměrech, tak ve svém politickém jazyce a struktuře začalo od roku 1935 pozvolna přichylovat k linii sudetoněmecké nacionálně socialistické DNSAP, zakázané v roce 1933; nakonec se od podzimu 1937 SdP stala filiální stranou Hitlerovou, podobně jako nacisté v Rakousku. Bez její existence a aktivní pomoci by Hitler, který už v létě 1938 usiloval o rozpoutání války, nemohl vyvinout onen mezinárodní tlak, jenž v důsledku anglické, francouzské a rovněž italské ochoty k jednání vyústil v září 1938 v mnichovskou dohodu.

9.

Mnichovská dohoda a rozbití ČSR

Po "anšlusu" rakouské republiky k Německé říši v březnu 1938, ke kterému došlo, aniž tomu západní mocnosti nějakou intervencí bránily, usilovala nacistická zahraniční politika o zničení Československé republiky jako suverénního státu. Sudetoněmecké strany Konrada Henleina, která pro tuto chvíli zastupovala většinu Němců v Československu, použil Hitler k tomu, aby strunu národnostních sporů přepjal až k prasknutí a vytvořil tak vhodnou příležitost pro německou diplomatickou a vojenskou intervenci.

Henlein, který se svou stranou zpočátku usiloval o autonomistické řešení, působil nejpozději od roku 1937 jako Hit-

Stimmen in der Tschechoslowakei. Als aber die Arbeitslosigkeit unvermindert anhielt und die Menschen desorientierte, griff eine nationale Sammlungsbewegung mit dem Namen "Sudetendeutsche Heimatfront" unter der Führung von Konrad Henlein um sich und konnte als "Sudetendeutsche Partei" bei den Parlamentswahlen im Mai 1935 64% der deutschen Stimmen auf sich vereinigen. Diese zunächst noch ungeformte Bewegung war von vornherein antiparlamentarisch und dem deutschen Hegemonialdenken verbunden. Als stimmenstärkste politische Partei im Staat schwenkte sie seit 1935 allmählich in ihrer Zielsetzung wie in ihrer politischen Sprache und Struktur auf die Linie der 1933 verbotenen sudetendeutschen DNSAP ein und wurde schließlich seit Herbst 1937 zu Hitlers Filialpartei, ähnlich wie die Nationalsozialisten in Österreich. Ohne ihre Existenz und aktive Hilfe hätte Hitler, der schon im Sommer 1938 einen Krieg anstrebte, nicht den internationalen Druck ausüben können, der durch die Verhandlungsbereitschaft Englands, Frankreichs und auch Italiens im September 1938 im Münchener Abkommen mündete.

9.

Das Münchener Abkommen und die Zerschlagung der ČSR

Nach dem ohne Behinderung durch eine Intervention der Westmächte im März 1938 vollzogenen Anschluß der Republik Österreich an das Deutsche Reich zielte die nationalsozialistische Außenpolitik darauf ab, die Tschechoslowakische Republik als souveränen Staat zu zerstören. Hitler bediente sich der Sudetendeutschen Partei Konrad Henleins, die zu diesem Zeitpunkt die Mehrheit der Deutschen in der Tschechoslowakei vertrat, um die nationalen Spannungen bis zum Siedepunkt zu schüren und einen Anlaß für eine deutsche diplomatische und militärische Intervention zu schaffen.

lerův aktivní pomocník. Německý diktátor byl nejpozději od
30. května 1938 rozhodnut ČSR rozbít vojensky a nespokojit
se s pouhým odstoupením sudetoněmeckých oblastí, k němuž
ČSR pod masivním diplomatickým tlakem západních moc-
ností a pod hrozbou války ze strany Německé říše přivolila.
Území, které si Německo na Československé republice vy-
nutilo a k jehož odstoupení ji dohnala Velká Británie spolu
s Francií, bylo vymezeno bez jakéhokoliv ohledu na hospo-
dářskou a politickou životaschopnost ČSR; odtržení těchto
území bylo i nepřímou příčinou podrytí československého
parlamentního systému. Docházelo při tom i k útěkům a k vy-
hánění německých odpůrců nacismu, Židů i mnoha Čechů usa-
zených v pohraničí. Zatímco Chamberlain, ukolébáván iluzí,
že našel řešení "pro naši dobu", pomíjel skutečnost, že účelem
zisku sudetoněmeckých území není pro Hitlera scelení ně-
meckého národního státu, nýbrž hegemonie v Evropě, byl už
Hitler rozhodnut ČSR při nejbližší příležitosti odstranit úplně.

Hitler hodlal Československo zahrnout do německé mo-
censké sféry jako vojenské nástupiště, jako zbrojního produ-
centa i jako zdroj pracovních sil, a závěry mnichovské konfe-
rence, které německé obyvatelstvo přijalo s jásotem, chápal
jako svou osobní porážku. Záruky nezávislosti pro torzo ČSR,
které dohoda slibovala, zavrhl jako neoprávněné vměšování
Velké Británie do středoevropských zájmů Německé říše;
v březnu 1939 využil vyprovokovaných incidentů a přiostřo-
vání Berlínem podporovaného česko-slovenského napětí k to-
mu, aby si místo zbytku ČSR vynutil zřízení samostatného
Slovenska a Protektorátu Čechy a Morava.

Zřeknutí se vlastní státnosti, které bylo při porušení mezi-
národního práva i práva českého národa na sebeurčení vynu-
ceno na československém prezidentovi Emilu Háchovi, bylo
dalším podnětem k rozpoutání druhé světové války. Rozbití
československého státu bylo v souladu s anekčními záměry
Adolfa Hitlera. Jen málo by na tom změnilo urovnání sporů
mezi československou vládou a národnostními menšinami,
které se nedalo vyloučit, ačkoli Německá říše menšiny ne-

Henlein, der mit seiner Partei zunächst eine Autonomielösung angestrebt hatte, fungierte spätestens ab 1937 als aktiver Gehilfe Hitlers. Der deutsche Diktator war endgültig vom 30. Mai 1938 an entschlossen, die ČSR militärisch zu zerschlagen und sich nicht mit einer Abtretung der sudetendeutschen Gebiete zu begnügen, in die die Tschechoslowakische Republik schließlich unter dem massiven diplomatischen Druck der Westmächte und der Kriegsdrohung des Deutschen Reiches einwilligte.

Die der ČSR von deutscher Seite abgeforderten und von Großbritannien sowie Frankreich aufgenötigten Gebietsabtretungen nahmen auf die wirtschaftliche und politische Lebensfähigkeit der ČSR keine Rücksicht und bewirkten indirekt die Aushöhlung des tschechoslowakischen parlamentarischen Systems. Dabei kam es auch zur Flucht und Vertreibung vieler im Grenzland lebender Tschechen, deutscher Gegner des Nationalsozialismus und der Juden. Während sich Chamberlain in der Illusion wiegte, eine Lösung "für unsere Zeit" gefunden zu haben, und verkannte, daß es Hitler nicht um eine Arrondierung des deutschen Nationalstaats durch den Erwerb der sudetendeutschen Gebiete, sondern um die Hegemonie in Europa ging, war dieser entschlossen, bei nächster Gelegenheit die ČSR vollends zu beseitigen.

Hitler wollte die Tschechoslowakei als militärisches Glacis, als Rüstungsproduzenten und als Arbeitskräfteressource in den deutschen Machtbereich einbeziehen und empfand die von der deutschen Bevölkerung mit Jubel begrüßten Beschlüsse der Münchener Konferenz als persönliche Niederlage. Er verwarf die dort beabsichtigten Garantien der Unabhängigkeit der Rumpf-ČSR als unberechtigte Einmischung Großbritanniens in die mitteleuropäischen Interessen des Deutschen Reiches und nutzte im März 1939 provozierte Zwischenfälle sowie die von Berlin unterstützte Verschärfung tschechisch-slowakischer Spannungen dazu, um auf die Errichtung einer selbständigen Slowakei zu drängen und an der Stelle der Rest-ČSR das Protektorat Böhmen und Mähren zu errichten.

pokrytě podněcovala k nacionální obstrukci. Připojení sudetských území nebylo konečným cílem nacistické politiky, ale jen předstupněm likvidace ČSR. Politika appeasementu provozovaná Velkou Británií a Francií její uskutečnění pouze pozdržela, ale nezabránila jí.

10.

Hlavní rysy nacistické okupační politiky v "Protektorátu Čechy a Morava"

V českých zemích sledovala německá okupační moc týž konečný cíl jako např. v obsazeném Polsku, totiž rasisticky pojaté poněmčení země.

Židé, tj. lidé, kteří se ke svému židovství hlásili buď nábožensky, nebo národnostně, ale i ti, kdo byli do této kategorie zařazeni jen na základě norimberských zákonů, byli ze společnosti vylučováni zákazem výkonu povolání, vyvlastňováním majetku a zvláštním označením; od podzimu 1941 byli pak fyzicky izolováni v ghettu Terezín a tam, povětšinou však v likvidačních táborech v Polsku, vražděni. Jde přibližně o 78 000 osob. Nacistické rasové politice padla za oběť i většina Romů, asi 6 000 osob.

Češi jako svébytný národ měli být zničeni. Část měla být asimilována či "odnárodněna", jiná vysídlena a další pak –

Der unter Bruch des Völkerrechts und der Verletzung des Selbstbestimmungsrechts des tschechischen Volkes dem tschechoslowakischen Staatspräsidenten Emil Hácha abgepreßte Verzicht auf die Eigenstaatlichkeit der ČSR war ein weiterer Anstoß zur Entfesselung des Zweiten Weltkrieges. Die Zerstörung des tschechoslowakischen Staates entsprach der Annexionsabsicht Adolf Hitlers. Ein Arrangement der tschechoslowakischen Regierung mit den nationalen Minderheiten, das nicht auszuschließen war, obwohl das Deutsche Reich sie offen zu nationaler Obstruktion ermunterte, hätte daran wenig geändert. Nicht der Anschluß der Sudetengebiete, der nur eine Durchgangsstufe war, sondern die Auflösung der ČSR war das Ziel der nationalsozialistischen Politik, und seine Durchsetzung wurde durch die Appeasement-Politik Großbritanniens und Frankreichs nur verzögert, nicht verhindert.

10.

Grundzüge der NS-Besatzungspolitik im "Protektorat Böhmen und Mähren"

In den böhmischen Ländern verfolgte die deutsche Besatzungsmacht das gleiche Fernziel wie z. B. im besetzten Polen, nämlich die rassistisch verstandene Eindeutschung des Landes.

Juden, d. h. Personen, die sich zu ihrem Judentum entweder religiös oder national bekannt hatten, sowie Personen, die nur durch die Nürnberger Gesetze in diese Kategorie eingereiht worden waren, wurden durch Berufsverbote, Enteignung und Kennzeichnung aus der Gesellschaft ausgegrenzt, seit dem Herbst 1941 im Ghetto Theresienstadt physisch isoliert und dort, vor allem aber in Vernichtungslagern in Polen, ermordet. Es handelt sich um rund 78 000 Menschen. Auch die meisten Roma, nämlich ca. 6 000 Personen, fielen der NS-Rassenpolitik zum Opfer.

především elity – zlikvidována. Realizace těchto výhledových cílů, které měly postihnout české obyvatelstvo, byla vzhledem k významu protektorátního zbrojního průmyslu a hornictví pro válečné hospodářství odsunuta na dobu po válce. Režim se proto omezil na přípravné kroky: uzavření vysokých škol, redukci počtu gymnázií, provedení tzv. "rasového soupisu" a přípravu plánů na zřízení německých "územních mostů" přes Prahu a Brno. Na části těchto pásů budoucího německého osídlení byla už během války zakládána vojenská cvičiště a čeští obyvatelé byli odsud vysídlováni. Právě na těchto územích dostávali statky a půdu vyvlastněných židovských a českých rolníků Němci z Besarábie a z Dobrudži.

Dalšími konstantami protektorátní politiky bylo:

a) Ke správě země využívala okupační moc takzvaných "autonomních" orgánů, tj. státního prezidenta Háchy, protektorátní vlády, ministerstev, zemských a krajských úřadů.

b) Podnikům důležitým pro válečnou výrobu byly přednostně zaopatřovány pracovní síly a suroviny, pracovníci ve zbrojním průmyslu dostávali lepší plat a víc potravin než zaměstnanci ostatních hospodářských odvětví a ve správě.

c) Jakýkoli odpor byl bezohledně potírán zatýkáním, vězněním v koncentračních táborech a rozsudky smrti, jakož i braním rukojmí a tzv. "odvetnými opatřeními".

d) Židovský majetek byl "arizován", důležité české banky a velké podniky byly převedeny do německých rukou a hospodářská síla země bezohledně vykořisťována.

Během svého několikaletého trvání prošla protektorátní politika i změnami:

Říšský protektor Konstantin von Neurath vsadil zprvu na spolupráci s kolaboranty "z rozumu", konkrétně na špičky "autonomní" správy, na něž on a jeho zástupce, bývalý vedoucí funkcionář SdP Karl Hermann Frank, vyvíjeli nátlak ve smyslu stále většího podřizování, a to pomocí kolaborantů "z přesvědčení", jakými byly např. antisemitské skupinky a kruh českýc redaktorů, kteří byli svým smýšlením blízcí nacistickému režimu. Od demonstrací na podzim 1939, po nichž byl uzavřeny české vysoké školy, devět studentů zastřeleno a

Die Tschechen sollten als eigenständige Nation zerstört werden. Ein Teil sollte assimiliert ("umgevolkt"), ein anderer ausgesiedelt, ein weiterer – besonders die Eliten – vernichtet werden. Die Verwirklichung dieser Fernziele gegenüber der tschechischen Bevölkerung wurde wegen der Bedeutung der Rüstungsindustrie und des Bergbaus im Protektorat für die Kriegswirtschaft auf die Zeit nach dem Krieg verschoben. Deshalb beschränkte sich das Regime auf vorbereitende Schritte: die Schließung der Hochschulen, die Reduzierung der Zahl der Gymnasien, eine sog. "rassische Bestandsaufnahme" und die Planung je einer deutschen "Landbrücke" über Prag und Brünn. Schon während des Krieges wurden Truppenübungsplätze auf einem Teil dieser künftigen Siedlungsgebiete angelegt und die tschechischen Bewohner ausgesiedelt. Bessarabien- und Dobrudscha-Deutsche erhielten, ebenfalls auf diesen "Landbrücken", die Höfe und das Land enteigneter jüdischer und tschechischer Bauern.

Weitere Konstanten der Protektoratspolitik waren:

a) Zur Verwaltung des Landes bediente sich die Besatzungsmacht der sogenannten "autonomen" Verwaltung, d. h. des Staatspräsidenten Hácha, der Protektoratsregierung, der Ministerien, der Landes- und der Bezirksbehörden.

b) Kriegswichtige Betriebe wurden bevorzugt mit Arbeitskräften und Rohstoffen ausgestattet, Rüstungsarbeiter besser bezahlt und versorgt als die Beschäftigten anderer Wirtschaftszweige und der Verwaltung.

c) Jeder Widerstand wurde rücksichtslos bekämpft, und zwar durch Verhaftungen, Einweisung in Konzentrationslager und Todesurteile sowie durch Geiselnahmen und sog. "Sühnemaßnahmen".

d) Das jüdische Eigentum wurde "arisiert", wichtige tschechische Banken und Großunternehmen wurden in deutsche Hand überführt und die Wirtschaftskraft des Landes rücksichtslos ausgebeutet.

Die Protektoratspolitik war im Laufe der wenigen Jahre ihrer Existenz auch Wandlungen unterworfen:

1 200 posláno do koncentračního tábora, ocitla se však tato politika v krizi.

Když pak po německém útoku na Sovětský svaz vzrostl počet odbojových akcí, poslal Hitler v září 1941 do protektorátu Reinharda Heydricha. Monstrprocesem proti Aloisu Eliášovi, předsedovi protektorátní vlády, měly být přerušeny její kontakty s exilem a odbojem; vysokým počtem zatčených a odsouzených k smrti mělo být zastrašeno obyvatelstvo. Po prvních vojenských neúspěších před Moskvou v prosinci 1941 se Heydrich a Frank rozhodli, že sice autonomii nezruší, ale ještě důsledněji ji zbaví obsahu, a to tak, že do protektorátní vlády nasadí jednoho německého a jednoho přesvědčeného českého stoupence režimu, že do svých služeb ve zvýšené míře zapojí "zglajchšaltované" odbory a do správního aparátu že dosadí německé úředníky.

Odvetou za atentát na Heydricha v květnu 1942 byla nová vlna teroru, jíž padlo za oběť okolo 5 000 lidí; tehdy byli také popraveni všichni muži z Lidic a všichni obyvatelé Ležáků. Po Heydrichově smrti ovládl protektorátní politiku Frank. Jeho strategii charakterizovaly verbální ústupky českému obyvatelstvu, antibolševická propaganda a krajně tvrdá opatření proti odbojovému hnutí; zejména v posledním roce války byli partyzáni a jejich pomocníci veřejně věšeni a jejich těla byla pro odstrašení veřejnosti po celé dny ponechávána na popravištích.

Zunächst setzte Reichsprotektor Konstantin von Neurath auf die Zusammenarbeit mit Kollaborateuren "aus Vernunft", nämlich auf die Spitzen der "autonomen" Verwaltung, auf die er und sein Stellvertreter Karl Hermann Frank, zuvor führender Funktionär der SdP, durch Kollaborateure "aus Überzeugung" wie die kleinen antisemitischen Gruppen und einen Kreis von tschechischen Redakteuren, die dem NS-Regime nahestanden, Druck im Sinne einer immer weiter reichenden Anpassung ausübten. Seit den Demonstrationen im Herbst 1939 und der Schließung der tschechischen Hochschulen, Erschießung von neun und Einweisung von 1 200 Studenten in ein Konzentrationslager befand sich diese Politik allerdings in einer Krise.

Als nach dem deutschen Angriff auf die Sowjetunion zudem die Zahl der Widerstandsaktionen zunahm, schickte Hitler im September 1941 Reinhard Heydrich in das Protektorat. Durch den Schauprozeß gegen Alois Eliáš, den Vorsitzenden der Protektoratsregierung, sollten deren Kontakte zum Exil und Widerstand gekappt und durch eine große Zahl von Verhaftungen und Todesurteilen die Bevölkerung eingeschüchtert werden. Nach den ersten militärischen Mißerfolgen vor Moskau im Dezember 1941 entschlossen sich Heydrich und Frank, die Autonomie nicht aufzuheben, sie jedoch weiter auszuhöhlen, nämlich durch die Plazierung eines deutschen sowie eines überzeugten tschechischen Parteigängers des Regimes in die Protektoratsregierung, durch die verstärkte Indienstnahme der gleichgeschalteten Gewerkschaften sowie die Durchsetzung des Verwaltungsapparats mit deutschen Beamten.

Das Attentat auf Heydrich im Mai 1942 beantwortete die Besatzungsmacht mit einer neuen Terrorwelle, der rund 5 000 Menschen zum Opfer fielen, sowie mit der Ermordung der männlichen Einwohner von Lidice und aller Bewohner von Ležáky. Seit dem Tode Heydrichs dominierte Frank die Protektoratspolitik. Kennzeichen seiner Strategie waren verbale Zugeständnisse an die tschechische Bevölkerung, antibolsche-

11.

Odboj a kolaborace v protektorátu

Na protektorátní realitu nereagovala česká společnost jednotně. Malé skupiny fašistického ražení přešly od svého původního protiněmeckého postoje k podpoře okupační mocnosti. Silnější a vlivnější byly ty síly ve správě a v hospodářství, jež si sice přály změnu poměrů ve smyslu větší svobody nebo dokonce úplné nezávislosti, ale vůči okupačnímu režimu se koneckonců chovaly konformně. Třetí sílu tvořil organizovaný nekomunistický odboj doma i v exilu, který chystal obnovení ČSR jako státu sociálně reformovaného a spočívajícího na principech demokratického socialismu. V programu odboje, jenž počítal s tím, že se Němci Hitlerovi vzepřou, byl zprvu obsažen silný antifašistický element, který však v průběhu války nabyl mocného protiněmeckého zabarvení. Vzdor potížím s orientací po Hitlerově paktu se Stalinem náleželi i komunisté k odpůrcům okupační moci a od jara 1941 se připojili ke směřování většiny odboje. Možnost cesty k bolševické revoluci a k diktatuře proletariátu si Komunistická strana Československa nicméně neuzavírala.

Velká většina Čechů vnímala okupaci po mnichovské dohodě jako další národní prohru a německou nadvládu odmítala. Jejich chování se podobalo postojům ostatních národů, které byly podrobeny obdobnému německému okupačnímu režimu. V prvních měsících po okupaci zaujímali v české společnosti silné či dokonce vedoucí pozice kolaboranti "z rozumu" soustředění kolem Háchy a Eliáše. Během několika velkých národních demonstrací v létě a na podzim 1939 získávalo však

wistische Propaganda und äußerst harte Maßnahmen gegen die Widerstandsbewegung. So wurden insbesondere im letzten Kriegsjahr z. B. Partisanen und ihre Helfer zur Abschreckung tagelang öffentlich aufgehängt.

11.

Widerstand und Kollaboration im Protektorat

Auf die Wirklichkeit des Protektorats reagierte die tschechische Gesellschaft nicht einheitlich. Kleine Gruppen faschistischer Prägung gingen von ihrer ursprünglich antideutschen Einstellung zur Unterstützung der Besatzungsmacht über. Stärker und einflußreicher waren jene Kräfte in Verwaltung und Wirtschaft, die sich zwar eine Änderung der Verhältnisse in Richtung auf größere Freiheit oder sogar auf völlige Unabhängigkeit wünschten, sich aber letzten Endes doch gegenüber dem Okkupationsregime konform verhielten. Eine dritte Kraft bildete der organisierte nicht-kommunistische Widerstand in der Heimat und im Exil, der die Wiederherstellung der ČSR als sozial reformierten und auf Prinzipien eines demokratischen Sozialismus beruhenden Staates vorbereitete. Denn das zunächst starke antifaschistische Element im Programm des Widerstandes, der darauf gesetzt hatte, daß sich die Deutschen gegen Hitler erheben würden, erhielt im Verlauf des Krieges einen heftigen antideutschen Akzent. Unbeschadet der Orientierungsschwierigkeiten nach dem Hitler-Stalin-Pakt gehörten die Kommunisten zu den Gegnern der Besatzungsmacht und schlossen sich seit dem Frühjahr 1941 der Orientierung der Mehrheit des Widerstandes an. Gleichwohl hielt sich die Kommunistische Partei der Tschechoslowakei die Möglichkeit einer bolschewistischen Revolution und Diktatur des Proletariats offen.

Die große Mehrheit der Tschechen empfand die Okkupation als erneute nationale Niederlage nach dem Münchener

stále více na vlivu odbojové hnutí. Po obou vlnách teroru, na počátku Heydrichovy vlády a po jeho zavraždění, vedoucí skupina kolem Háchy, která však zatím zabředla do bezvýhradné kolaborace, přišla i o poslední zbytky svého politického kreditu. České obyvatelstvo se orientovalo podle hesel a aktivit exilové vlády a odbojového hnutí.

Český odboj je v pohledu zvnějšku hodnocen často jako nevýznamný, protože se projevoval otevřenými sabotážními a bojovými akcemi méně než třeba odboj v Sovětském svazu, v Polsku či v Jugoslávii. To však má vysvětlení: české země byly obsazeny ještě před začátkem války a byly zcela odzbrojeny; menší množství zbraní dodali spojenci teprve v posledních měsících války. Pro vedení partyzánské války chyběly do značné míry vhodné geografické podmínky. Hustá síť dobře fungující protektorátní správy nevykazovala téměř žádné mezery. Přesto však existovaly odbojové aktivity, jakými byly činnosti sabotážní, zpravodajské, diverzní a partyzánské. Nadto několikrát způsobila kumulace těchto aktivit otřes a zostření okupačního režimu: v r. 1939, 1941/42 a po slovenském povstání na podzim 1944. Český odpor kulminoval počátkem května 1945 v mnoha místních povstáních a konečně v povstání pražském. K historii československého odboje náleží i činnost emigrace a exilové vlády i účast československých armádních a leteckých jednotek na bojových akcích spojenců.

Znovuobnovená ČSR stavěla na základech vybudovaných společně odbojem a exilem, i když na vedoucí pozice po válce nastoupili především politici exiloví. Po převratu v únoru 1948 byly zásady a zásluhy nekomunistického odboje ignorovány a znevažovány a jeho příslušníci pronásledováni.

Abkommen und lehnte die deutsche Herrschaft ab. Ihr Verhalten entsprach dem anderer Völker, die einem ähnlichen deutschen Besatzungsregime unterworfen waren. In den ersten Monaten nach der Okkupation hatten die Kollaborateure "aus Vernunft" um Hácha und Eliáš eine starke bis führende Position in der tschechischen Gesellschaft inne. Im Verlauf einiger großer nationaler Demonstrationen im Sommer und Herbst 1939 gewann die Widerstandsbewegung jedoch zunehmend an Einfluß. Nach den beiden Terrorwellen zu Beginn der Herrschaft Heydrichs und nach seiner Ermordung verlor die Führungsgruppe um Hácha, die sich inzwischen auf eine bedingungslose Kollaboration eingelassen hatte, auch die letzten Reste ihres politischen Kredits. Die tschechische Bevölkerung orientierte sich an den Parolen und Aktivitäten der Exilregierung und der Widerstandsbewegung.

Der tschechische Widerstand wird häufig in der Sicht von außen als unbedeutend eingeschätzt, weil er sich weniger in offenen Sabotage- und Kampfhandlungen äußerte als etwa der Widerstand in der Sowjetunion, in Polen oder Jugoslawien. Dies läßt sich jedoch erklären: Die böhmischen Länder wurden noch vor Kriegsbeginn besetzt und vollständig entwaffnet. Erst in den letzten Kriegsmonaten wurden wenige Waffen von den Alliierten geliefert. Die für Partisanenkriegführung geeigneten geographischen Bedingungen fehlten weitgehend. Das dichte Netz der gut funktionierenden Protektoratsverwaltung ließ kaum Lücken. Dennoch gab es Widerstandsaktivitäten – Sabotage-, nachrichtendienstliche, Diversions- und Partisanentätigkeit. Mehrfach kam es überdies zu einer Häufung von Aktivitäten, die eine Erschütterung und Verschärfung des Okkupationsregimes zur Folge hatten, nämlich 1939, 1941/42 und nach dem slowakischen Aufstand im Herbst 1944. Der tschechische Widerstand kulminierte Anfang Mai 1945 in zahlreichen örtlichen Aufständen und schließlich im Prager Aufstand. Zur Geschichte des tschechoslowakischen Widerstandes gehören auch die Tätigkeit der Emigration und der Exilregierung sowie die Teilnahme tsche-

12.

Odtržená tzv. sudetská území

Vstup wehrmachtu v říjnu 1938 oslavovali Němci v sudetských územích manifestacemi, ale i útoky na místní Čechy, Židy a známé odpůrce nacismu. Převážná většina Němců si ve své euforii pramálo uvědomovala, že za odtržení od ČSR zaplatila ztrátou demokracie a svébytnosti a že záhy bude muset přinést těžké oběti Hitlerově válce. Velká část české menšiny usazené v pohraničních oblastech odtud před očekávaným politickým a národnostním útlakem uprchla anebo byla vypuzena či vyhnána; zbylí Češi přišli o veškerá národnostní práva. Až na několik důležitých výjimek setrvali sudetoněmečtí politici stejně jako většina obyvatelstva v podpoře nacistického režimu, ač trvale vzrůstala nespokojenost především se situací v zásobování. Vznikaly – často ve spolupráci s Čechy a s totálně nasazenými – i malé odbojové skupinky. Působení německých členů těchto skupin je třeba ocenit o to víc, že jejich odboj nebyl namířen proti útisku představitelů jiného národa, nýbrž národa vlastního.

České obyvatelstvo naproti tomu často pohlíželo na protektorátní režim jako na dílo sudetských Němců. Přispívala k tomu i okolnost, že mezi sudetoněmeckými příslušníky naci-

choslowakischer Armee- und Luftwaffeneinheiten an den alliierten Kampfhandlungen.

Die wiederhergestellte ČSR baute auf den Grundlagen auf, die von Widerstand und Exil gemeinsam entwickelt worden waren, wenn auch nach dem Krieg vor allem Exilpolitiker in die politischen Führungspositionen einrückten. Nach dem Umsturz im Februar 1948 wurden die Prinzipien und Leistungen des nicht-kommunistischen Widerstandes systematisch mißachtet und seine Exponenten verfolgt.

12.

Die abgetrennten sog. Sudetengebiete

Den Einmarsch der Wehrmacht im Oktober 1938 feierten die Deutschen der Sudetengebiete mit Kundgebungen, aber auch Angriffen auf ortsansässige Tschechen, Juden und bekannte Gegner des Nationalsozialismus. In der Euphorie begriff die überwiegende Mehrheit der Deutschen kaum, daß sie die Trennung von der ČSR mit dem Verlust der Demokratie und ihrer Eigenständigkeit bezahlt hatte und bald schwere Opfer für Hitlers Krieg bringen sollte. Ein großer Teil der tschechischen Minderheit der Grenzgebiete floh vor der erwarteten politischen und nationalen Unterdrückung oder wurde verdrängt und vertrieben, die verbliebenen Tschechen verloren jegliche nationalen Rechte. Die sudetendeutschen Politiker hielten – mit wenigen wichtigen Ausnahmen – wie auch die Mehrheit der Bevölkerung an der Unterstützung des NS-Regimes fest, wenngleich die Unzufriedenheit besonders mit der Versorgungslage immer größer wurde. Wohl bildeten sich – oft in Zusammenarbeit mit Tschechen und Zwangsarbeitern – kleine Widerstandsgruppen. Die Leistung der deutschen Mitglieder dieser Gruppen ist um so höher einzuschätzen, als sich ihr Widerstand nicht gegen die Unterdrückung durch Vertreter einer anderen, sondern der eigenen Nation richtete.

stických elit byli zastánci té nejtvrdší linie. Podíl sudetských
Němců na tomto režimu si vyžaduje další výzkum.

13.

Konec války

Území protektorátu i Říšské župy Sudety bylo válečným dě-
ním bezprostředně zasaženo teprve od jara 1945. Už dlouho
však v zemi pobývalo mnoho evakuovaných Němců ze zápa-
du Německa ohrožovaného bombardováním; od roku 1944
sem proudily statisíce přesídlenců a uprchlíků z oblastí vý-
chodní fronty, která se hrozivě blížila. Zemí byly z místa na
místo vláčeny transporty zbídačelých válečných zajatců a věz-
ňů z koncentračních táborů. Okupační režim se vůčihledně
přiostřoval: na Moravě bylo vypáleno několik českých vesnic,
které upadly v podezření, že pomáhaly partyzánům. Vrcholu
dosáhla německá represe ve dnech českého a pražského po-
vstání, bezprostředně před příchodem Rudé armády počát-
kem května 1945.

Nenávist vůči Němcům, která se nashromáždila v českém
obyvatelstvu se při takovém vývoji událostí jen stupňovala,
navíc povzbuzována i politickými silami. Po německé kapitu-
laci části české společnosti "vykolejily"; projevilo se to v bru-
tálně nenávistných aktech, které jejich původci nechápali jen
jako odplatu za poslední týdny války, nýbrž za celých šest let
okupace. Německé obyvatelstvo nyní obnoveného Českoslo-
venska to zasáhlo nepřipravené; mnoho z těch, kdo se provi-
nili, uprchlo už dříve. V pohraničních oblastech osídlených
převážně Němci nastalo po zhroucení do poslední chvíle in-
taktní německé správy mocenské vakuum. V pohraničí Čech a

In der tschechischen Bevölkerung hingegen wurde das Protektoratsregime oft als sudetendeutsches Werk angesehen. Dazu trug der Umstand bei, daß unter den sudetendeutschen Angehörigen der NS-Eliten auch Vertreter der härtesten Linie zu finden waren. Der Anteil der Sudetendeutschen an diesem Regime verlangt weitere Erforschung.

13.

Das Kriegsende

Das Territorium des Protektorats und des Reichsgaues Sudetenland wurde erst seit dem Frühjahr 1945 unmittelbar in die Kriegshandlungen einbezogen. Viele deutsche Evakuierte aus den bombengefährdeten Gebieten Westdeutschlands hielten sich bereits lange im Lande auf; seit 1944 strömten Hunderttausende von Umsiedlern und Flüchtlingen aus den Gebieten der Ostfront herein, die sich bedrohlich näherte. Transporte von verelendeten Kriegsgefangenen und KZ-Häftlingen wurden durch das Land geschleust, und das Okkupationsregime im Protektorat verschärfte sich zusehends: In Mähren wurden einige tschechische Dörfer, die im Verdacht standen, den Partisanen geholfen zu haben, niedergebrannt. Die deutsche Repression erreichte ihren Höhepunkt während der Tage des tschechischen und Prager Aufstandes unmittelbar vor der Ankunft der Roten Armee Anfang Mai 1945.

Diese Entwicklung hat den in der tschechischen Bevölkerung angesammelten Deutschenhaß gesteigert, der zudem von politischen Kräften stimuliert wurde. Nach der deutschen Kapitulation "entgleisten" Teile der tschechischen Gesellschaft; dies wirkte sich in brutalen Aktionen des Hasses aus, die von den Tätern als Kompensation nicht nur für die letzten Kriegswochen, sondern für die sechs Jahre der Okkupation verstanden wurden. Die deutsche Bevölkerung in der jetzt wiederhergestellten Tschechoslowakei wurde davon un-

Moravy, pokud bylo obsazeno sovětskou armádou, se provizorní české orgány etablovaly teprve se zpožděním, takže v první době zde panovaly poměry takřka anarchické.

Za těchto okolností a v době, kdy i vzájemné odcizení Němců a Čechů v českých zemích dosáhlo vrcholu, docházelo k útěkům a k takzvaným "divokým odsunům" sudetských Němců do Saska a do Rakouska. Události té doby byly dosud prezentovány ponejvíce jen na základě vzpomínek postižených. Teprve v poslední době zpracovávají převážně čeští autoři lokální nebo regionální studie, v nichž se informace českých i německých současníků vyhodnocují ruku v ruce s archivními prameny, a začíná tak vznikat přibližně objektivní obraz oněch chaotických poměrů i excesů, ke kterým v této fázi došlo.

14.

Transfer obyvatelstva v plánech spojenců
a československé exilové vlády

Poté co se spojenecké mocnosti během válečných let distancovaly od mnichovské dohody, nepřicházelo už v úvahu, aby pohraniční oblasti osídlené Němci zůstaly připojeny k Německu. Mnichovská dohoda Československu ozřejmila, že v obraně proti revizionistickým snahám sousedů se nemůže spoléhat výlučně na spojenecké smlouvy. Churchill, Stalin i Roosevelt se kromě toho domnívali, že stabilizace poválečné situace bude možné dosáhnout vytvořením homogenních národních stá-

vorbereitet getroffen; viele der Schuldigen waren zuvor geflo-
hen. In den meist deutsch besiedelten Grenzgebieten entstand
nach dem Zusammenbruch der bis zuletzt intakten deutschen
Verwaltung ein Machtvakuum. Im Grenzland Böhmens und
Mährens, soweit es von der sowjetischer Armee besetzt wor-
den war, etablierten sich provisorische tschechische Organe
erst spät, so daß in der ersten Zeit hier nahezu anarchische
Verhältnisse herrschten.

Unter diesen Umständen und in dieser Zeit, in der auch
die Entfremdung von Deutschen und Tschechen in den böh-
mischen Ländern ihren Höhepunkt erreichte, ist es zur Flucht
und zu sogenannten "wilden Vertreibungen" von Sudeten-
deutschen nach Sachsen und Österreich gekommen. Die Er-
eignisse dieser Zeit wurden bisher meist nur aufgrund von
Erinnerungen von Betroffenen dargestellt. Erst neuerdings
arbeiten vorwiegend tschechische Autoren lokale oder regio-
nale Studien aus, in denen Berichte von tschechischen und
deutschen Zeitgenossen zusammen mit Archivquellen ausge-
wertet werden, so daß ein annähernd objektives Bild der
chaotischen Verhältnisse und der Exzesse dieser Phase zu
entstehen beginnt.

14.

Der Bevölkerungstransfer in den Planungen der Alliierten und der tschechoslowakischen Exilregierung

Nachdem sich die alliierten Mächte während der Kriegsjahre
vom Münchener Abkommen distanziert hatten, kam das Ver-
bleiben der deutsch besiedelten Grenzgebiete bei Deutschland
nicht mehr in Betracht. Der Tschechoslowakei hatte das Mün-
chener Abkommen gezeigt, daß sie sich auf Bündnisverträge
gegen Revisionsbestrebungen der Nachbarn allein nicht ver-
lassen konnte. Überdies glaubten Churchill, Stalin und Roose-
velt eine Stabilisierung der Nachkriegssituation durch die Er-

tů bez etnických menšin. Zastánci transferu obyvatelstva poukazovali na to, že Řecko a Turecko navzdory vyhánění a výměně obyvatelstva na počátku dvacátých let pak v následujícím období politicky spolupracovaly; stejně tak se argumentovalo tím, že i nacistický režim v letech 1939/40 přesídlil obyvatele jižního Tyrolska a jiné německé menšiny ("Volksdeutsche") z východu "domů do Říše" ("heim ins Reich"). Na pořad jednání spojeneckých velmocí se otázka nuceného vysídlení Němců z východní Evropy dostala poprvé při jednáních Edena se Stalinem v prosinci 1941. Na tuto iniciativu a na představy polské a československé exilové vlády reagoval britský kabinet v červenci 1942 zásadním usnesením ve prospěch transferu německých menšin z východní Evropy. S tímto řešením projevili od března 1943 několikrát souhlas i úředníci státního departmentu a prezident Spojených států.

V odpověď na heslo Sudetoněmecké strany "Heim ins Reich" předložil prezident Beneš už v září 1938 kompromisní řešení: počet sudetských Němců se měl odstoupením strategicky postradatelných pohraničních oblastí a vzájemným dílčím přesídlením obyvatelstva zredukovat tak, že zbývající menšina by už nebyla nebezpečná, nebo by ji bylo možno asimilovat. Na rozdíl od nacistické politiky likvidace celých částí obyvatelstva k jeho cílům nepatřila.

V roce 1940 Beneš navrhoval, aby Němci byli ponecháni v ČSR ve třech pohraničních župách. Tento pokus o mírnější řešení ztroskotal na odmítavém postoji českých odbojových skupin a radikálních exilových kruhů. Do konce války se pak Beneš vrátil ke své koncepci odstoupení některých území spolu s částečným přesídlením a vyhnáním; postupně se při tom zmenšovala rozloha území, která by měla být odstoupena a zároveň i počet Němců, kteří by v poválečné republice směli zůstat.

Ze sudetských oblastí se v říjnu 1938 a v únoru/březnu 1939 před vpádem wehrmachtu podařilo z Česko-Slovenska uprchnout asi 3 000 sudetoněmeckých sociálních demokratů a dalších odpůrců nacismu. Londýnská jednání mezi vedením

richtung homogener Nationalstaaten ohne ethnische Minderheiten zu erreichen. Befürworter eines Bevölkerungstransfers verwiesen darauf, daß Griechenland und die Türkei trotz der Vertreibungen und des griechisch-türkischen Bevölkerungsaustausches zu Beginn der zwanziger Jahre in der Folgezeit politisch zusammengearbeitet hatten, und darauf, daß selbst das NS-Regime in den Jahren 1939/40 Südtiroler und "Volksdeutsche" aus dem Osten durch Umsiedlungen "heim ins Reich" geholt hatte. Auf die Tagesordnung der alliierten Großmächte geriet die Frage der Zwangsaussiedlung von Deutschen aus Ostmitteleuropa erstmals in den Verhandlungen, die Eden im Dezember 1941 mit Stalin führte. Auf diese Initiative sowie auf die Vorstellungen der polnischen und tschechoslowakischen Exilregierungen reagierte das britische Kabinett im Juli 1942 mit einem Grundsatzbeschluß zugunsten des Transfers deutscher Minderheiten aus Ostmitteleuropa. Zu dieser Lösung erklärten Beamte des State Department und der US-Präsident seit März 1943 mehrfach ihre Zustimmung.

Als Antwort auf die "Heim-ins-Reich"-Lösung der Sudetendeutschen Partei hatte Präsident Beneš schon im September 1938 eine Kompromißlösung entwickelt: Durch Abtretung strategisch nicht erforderlicher Grenzgebiete und durch Teilumsiedlung sollte die Zahl der Sudetendeutschen so weit reduziert werden, daß die verbleibende Minderheit ungefährlich bzw. assimilierbar würde. Vernichtung ganzer Bevölkerungsteile gehörte im Gegensatz zur NS-Politik nicht zu seinen Zielen.

Im Jahre 1940 schlug Beneš vor, die Deutschen in drei Grenzgauen bei der ČSR zu belassen. Dieser Versuch einer milderen Lösung scheiterte an der Ablehnung der tschechischen Widerstandsgruppen und radikalen Exilkreise. Beneš kehrte bis zum Kriegsende zu seiner Konzeption der Gebietsabtretungen und der Teilumsiedlung und Vertreibung zurück, wobei er die Größe der abzutretenden Gebiete und gleichzeitig die Zahl derjenigen Deutschen, die in der Nachkriegsrepublik hätten bleiben dürfen, schrittweise verringerte.

strany sociálně demokratické v čele s Wenzelem Jakschem a
formující se československou exilovou reprezentací ztroskota-
la v prvních měsících války na Jakschově požadavku závazné-
ho příslibu územní autonomie v rámci budoucího obnovené-
ho Československa a neúčasti v československých vojenských
jednotkách, v následujících letech na záměrech exilové vlády
provést transfer a na Jakschově nesouhlasu s odvoláním plat-
nosti mnichovské dohody. Jeho důraz na právo sudetských
Němců na sebeurčení, zahrnující i možnost svobodně rozhod-
nout o vlastním státopravním zařazení, vzbudilo v českoslo-
venském prostředí nedůvěru. Benešovu představu, že Wenzel
Jaksch by byl po nuceném přesídlení velké části svých krajanů
vhodným představitelem zbylé německé menšiny, Jakschovi
přívrženci na rozdíl od ostatních sudetoněmeckých sociálních
demokratů a komunistů odmítali přijmout. Ještě krátce před
koncem války se Wenzlu Jakschovi jevily jako realistické na-
děje, že vzhledem k velkým problémům přechodné doby by
spojenci od svých plánů na transfer mohli upustit. Poté se
však československým vládním a místním orgánům ještě před
rozhodnutím spojenců zdařilo se sovětskou podporou zahájit
odsuny a vyvíjet tak nátlak na západní spojence. Na postu-
pimské konferenci v srpnu 1945 spojenci vyhlásili, že němec-
ké obyvatelstvo z Polska, Maďarska a z Československa má
být přesídleno, a to "humánním a řádným" způsobem. Zname-
nalo to, že mají ustat "divoké odsuny". V souvislosti s tímto
usnesením byl ještě téhož dne podepsán dekret prezidenta Be-
neše, podle něhož všem československým občanům německé
nebo maďarské národnosti bylo toto jejich státní občanství
odňato. Z ustanovení byli vyňati jen ti, kteří byli tehdy zařa-
zeni do kategorie antifašistů. V následující době ustaly i nej-
horší excesy "divokých odsunů".
    Rozdíl mezi politikou transferu, kterou sledovaly západní
spojenci, a politikou vyhánění a vysídlování, jakou prosazo-
vala československá vláda a odbojové hnutí, spočívá v odů-
vodnění: Spojenci nedávali experimentu se soužitím Němců a
Čechů v obnoveném Československu žádné vyhlídky na

Rund 3 000 sudetendeutsche Sozialdemokraten sowie andere Gegner des Nationalsozialismus hatten im Oktober 1938 aus den Sudetengebieten und im Februar/März 1939 vor dem Einmarsch der Wehrmacht aus der Tschecho-Slowakei fliehen können. Die Londoner Verhandlungen zwischen ihrer Parteiführung unter Wenzel Jaksch mit der sich formierenden tschechoslowakischen Exilvertretung scheiterten in den ersten Monaten des Krieges an Jakschs Forderung nach der verbindlichen Zusage einer territorialen Autonomie innerhalb der wiederherzustellenden Tschechoslowakei einschließlich der Nichtbeteiligung an tschechoslowakischen Militäreinheiten, in den folgenden Jahren an den Transferplänen der Exilregierung und an Jakschs Nichtbereitschaft, das Münchener Abkommen für nichtig zu erklären. Seine Hervorhebung des Selbstbestimmungsrechtes für die Sudetendeutschen, die ihre Entscheidungsfreiheit über die staatsrechtliche Zuordnung einbezog, weckte im tschechoslowakischen Milieu Argwohn. Auf Beneš Vorstellung, in Jaksch den Repräsentanten der deutschen Restminderheit nach der Zwangsaussiedlung eines großen Teils seiner Landsleute finden zu können, wollten Jakschs Anhänger im Gegensatz zu anderen sudetendeutschen Sozialdemokraten und Kommunisten nicht eingehen. Wenzel Jakschs Hoffnungen, daß die Alliierten angesichts der großen Probleme der Übergangszeit von ihren Transferplänen abrücken könnten, schienen ihm kurz vor Kriegsende noch realistisch zu sein. Danach aber gelang es tschechoslowakischen Regierungsbehörden und lokalen Verwaltungen, die Vertreibung mit sowjetischer Unterstützung einzuleiten und damit Druck auf die Westalliierten auszuüben. Auf der Potsdamer Konferenz im August 1945 erklärten die Alliierten, die deutsche Bevölkerung sei aus Polen, Ungarn und der Tschechoslowakei umzusiedeln, und zwar in einer "humanen und ordnungsgemäßen" Weise. Das bedeutete, daß die "wilden Vertreibungen" aufzuhören hatten. Im Zusammenhang mit diesem Beschluß und am selben Tag wurde das Dekret des Präsidenten Beneš unterzeichnet, nach dem allen tschechoslo-

úspěch. V české propagandě kolektivní viny se však odsun – ovšemže i ve vzrůstající shodě se zostřující se spojeneckou válečnou doktrínou – odůvodňoval účastí sudetských Němců na útisku v protektorátu a v Říšské župě Sudety, a především podporou, kterou při komunálních volbách v květnu 1938 Sudetoněmecké straně nakonec dala převážná většina sudetských Němců.

Ve smyslu teze o kolektivní vině, uznávané tehdy i vítěznými mocnostmi, se hovořilo i v prezidentských dekretech vydávaných v roce 1945 o "Němcích, Maďarech", ale i o "zrádcích a kolaborantech", resp. o "dalších nepřátelích státu". Ti z Němců, kteří měli být z nařízení vyňati, byli povinni svou státní spolehlivost dokazovat. Přesto však byla tendence v co nejkratší době vyhnat co nejvíc Němců, aby se ještě před postupimskou konferencí vytvořil fait accompli. Zvláště v první poválečné fázi docházelo k mnoha politováníhodným obětem na životech, jejichž počet je stále ještě předmětem sporů. Teze o kolektivní vině ztěžovala přechod k "humánnímu a řádnému" způsobu realizace tohoto nuceného přesídlení i po postupimské konferenci.

wakischen Staatsbürgern deutscher oder ungarischer Nationalität die tschechoslowakische Staatsbürgerschaft aberkannt wurde. Ausgenommen waren nur diejenigen, die damals in die Kategorie der Antifaschisten eingereiht wurden. In der Folgezeit hörten auch die schlimmsten Exzesse der "wilden Vertreibungen" auf.

Der Unterschied zwischen der Transferpolitik der westlichen Alliierten und der Vertreibungs- und Aussiedlungspolitik der tschechoslowakischen Regierung und Widerstandsbewegung besteht in der Begründung: Die Alliierten hielten es für aussichtslos, daß das Experiment eines Zusammenlebens von Tschechen und Deutschen in der erneuerten Tschechoslowakei gelingen könnte. In der tschechischen Propaganda der Kollektivschuld wurde jedoch – freilich auch in zunehmender Übereinstimmung mit der sich verschärfenden alliierten Kriegsdoktrin – die Vertreibung mit der Beteiligung von Sudetendeutschen an der Unterdrückung im Protektorat und im Reichsgau Sudetenland begründet, vor allem mit der Unterstützung, die schließlich die überwiegende Mehrheit der Sudetendeutschen bei den Kommunalwahlen vom Mai 1938 der Sudetendeutschen Partei gewährt hatte.

Im Sinne der damals auf seiten der Siegermächte anerkannten Kollektivschuldthese sprachen 1945 die Dekrete des Präsidenten von den "Deutschen, Magyaren", aber auch von "Verrätern und Kollaborateuren" bzw. "und anderen Staatsfeinden". Die Deutschen, die von dieser Anordnung ausgenommen sein sollten, wurden verpflichtet, ihre Staatstreue nachzuweisen. Dennoch gab es die Tendenz, möglichst schnell möglichst viele Deutsche zu vertreiben, um noch vor der Potsdamer Konferenz Fakten zu schaffen. Besonders in dieser ersten Nachkriegsphase waren viele Todesopfer, deren Zahl umstritten ist, zu beklagen. Die These von der Kollektivschuld belastete auch nach der Potsdamer Konferenz den Übergang zu einer "humanen und ordnungsgemäßen" Durchführung der Zwangsaussiedlung.

15.

Vyhnání a vysídlení Němců

Vyhnání a vysídlení německého (a maďarského) obyvatelstva z ČSR se v českém exilu dlouho chystalo a začalo během války nabývat pevnějšího tvaru zejména v plánech poválečného uspořádání vypracovávaných anglickou stranou; jeho rozsah se pod tlakem odbojového hnutí též rozšířil.

Radikalizaci odsunových plánů a jejich realizaci za spojeneckého souhlasu k "transferu" nelze správně posoudit, aniž se vezme v úvahu všeobecná barbarizace válečných let a to, jak vcházely ve známost německé válečné zločiny ve všech Německem obsazených zemích, zvláště pak v zemích východní a jihovýchodní Evropy. Tyto zločiny se opíraly o nacistickou rasovou teorii, která nacházela svůj výraz nejen v masové likvidaci Židů a jiných skupin chápaných jako "cizí rasy", nýbrž i v diskriminaci východoevropských – zejména slovanských – národů, jakož i v přesídlování a likvidaci jejich částí, které bylo plánováno anebo již zahájeno.

Prosazování záměru skoncovat s konfliktním soužitím s Němci v rámci ČSR bylo výsledkem zkušeností s politikou Sudetoněmecké strany a tvrdou německou okupační politikou. Část Němců ze Slovenska byla ještě před osvobozením Sovětskou armádou evakuována a mnoho z nejvíc provinivších se sudetských Němců uprchlo. Volání po pomstě se zvedlo spontánně, avšak i vláda a většina politických stran, ve zvlášť vyostřené podobě komunisté a národní socialisté, toho záměrně využili, aby německé obyvatelstvo přiměli k útěku; vyvolalo to pak násilné akce s četnými oběťmi na životech, jako v Přerově, Ústí nad Labem, v Brně či za jiných okolností v Praze.

Vítězné mocnosti se v článku 10 svých postupimských ujednání z 2. srpna snažily tyto akce ve svém vlastním zájmu regulovat. Jejich výzva, aby byly nekontrolované odsuny zastaveny, odpovídal především zájmu udržet pořádek v okupovaném Německu.

15.

Die Vertreibung und Aussiedlung der Deutschen

Die Vertreibung und Aussiedlung der deutschen (und ungarischen) Bevölkerung aus der ČSR war im tschechischen Exil von langer Hand vorbereitet worden, gewann im Laufe des Krieges Gestalt, namentlich in der von englischer Seite betriebenen Nachkriegsplanung, und wurde unter dem Druck der Widerstandsbewegung ausgeweitet.

Die Radikalisierung der Vertreibungspläne und ihre Durchführung bei alliierter Zustimmung zum "Transfer" kann man nicht richtig beurteilen ohne Berücksichtigung der im Laufe der Kriegsjahre allgemein gewachsenen Barbarisierung und insbesondere der bekanntgewordenen deutschen Kriegsverbrechen in allen von Deutschland besetzten, besonders aber in den ost- und südosteuropäischen Ländern. Diese Verbrechen stützten sich auf die nationalsozialistische Rassentheorie, die sich nicht nur in der Massenvernichtung von Juden und anderen als "fremdrassig" verstandenen Gruppen, sondern auch in der Diskriminierung der – insbesondere slawischen – Völker des östlichen Europa auswirkte sowie in der geplanten oder schon begonnenen Umsiedlung oder Vernichtung von Teilen davon.

Die Propagierung einer Beendigung des konfliktreichen Zusammenlebens mit den Deutschen in der ČSR war das Ergebnis der Erfahrungen mit der Politik der Sudetendeutschen Partei und der radikalen deutschen Besatzungspolitik. Vor der Befreiung durch die sowjetische Armee war ein großer Teil der Slowakeideutschen evakuiert worden, und viele der am meisten belasteten Sudetendeutschen waren geflohen. Der Ruf nach Rache, der sowohl spontan erhoben als auch von der Regierung und den meisten politischen Parteien, in besonders scharfer Form jedoch von den Kommunisten und den Nationalen Sozialisten gezielt eingesetzt wurde, um die deutsche Bevölkerung zur Flucht zu bewegen, löste gewalttätige Aktionen mit zahlreichen Todesopfern wie in Prerau, Aussig, Brünn oder, unter anderen Voraussetzungen, in Prag aus.

Není pochyb o tom, že každé vyhánění a nucené vysídlování je v rozporu se základními představami o lidských právech. Před padesáti lety to však patřilo k následkům války vyvolané německým politickým vedením, byl to důsledek v této souvislosti provedených přesídlovacích akcí a likvidace celých skupin obyvatelstva. Počet německých obětí odsunu z Československa nebylo dodnes možno ani s přibližnou přesností zjistit. Na základě sčítání lidu, výpočtů i odhadů, a s ohledem na válečné ztráty, emigraci a masové vraždy vydal Spolkový statistický úřad roku 1958 prohlášení, v němž se praví, že "existuje nesrovnalost v počtu 225 600 Němců, jejichž osud není objasněn". Je chybné ztotožňovat tento počet s oběťmi odsunu. Až do roku 1989 se zdálo, že objasnit tuto otázku je vyloučeno. O vyjasnění nyní usilují na obou stranách pracovní projekty komise historiků. První výsledek ukazuje, že počet "nevyjasněných případů" je zjevně mnohem vyšší než počet těch, kteří bezprostředně při vyhnání a po něm skutečně přišli o život. Dosavadní odhady německých a českých odborníků o těchto číslech se pohybují mezi 19 000 (podle německého "generálního šetření" – "Gesamterhebung", které zjistilo přibližně 5 000 sebevražd a přes 6 000 obětí násilných činů) a 24 000 až 30 000 (podle odhadů českých badatelů). Tyto počty, stejně jako údaje o výši československých ztrát, které se vykazují číslem 360 000 (z toho asi 240 000 obětí rasového pronásledování), si vyžadují další odborné přezkoumání.

Die Siegermächte suchten im Artikel 10 ihrer Übereinkünfte von Potsdam am 2. August die Aktionen in ihrem Interesse zu regulieren. Ihre Aufforderung, diese unkontrollierten Vertreibungsvorgänge zu stoppen, lag besonders im Interesse der Ordnungserhaltung im von ihnen okkupierten Deutschland.

Zweifellos verstoßen alle Vertreibungen und Zwangsaussiedlungen gegen grundlegende Vorstellungen von Menschenrechten. Vor fünfzig Jahren gehörten sie zu den Konsequenzen des von der deutschen politischen Führung ausgelösten Krieges und der in seinem Zusammenhang durchgeführten Umsiedlungsaktionen, schließlich der Vernichtung ganzer Bevölkerungsteile. Die Zahl der deutschen Vertreibungsopfer aus der Tschechoslowakei ist bis heute nicht annähernd genau festzustellen. 1958 erklärte das Statistische Bundesamt auf der Grundlage von Volkszählungen, Hochrechnungen und Schätzungen, bei der Berücksichtigung von Kriegsverlusten, Emigrationen und Massenmorden gebe es "eine Differenz von 225 600 Deutschen, deren Schicksal nicht geklärt ist". Es ist unrichtig, diese Zahl mit der Zahl der Vertreibungstoten gleichzusetzen. Eine Klärung dieser Frage erschien bis 1989 ausgeschlossen. Sie wird durch Arbeitsprojekte der Historikerkommission von beiden Seiten angestrebt. Ein erstes Ergebnis erweist die Zahl der "ungeklärten Fälle" als offensichtlich weit höher denn die Zahl der wirklich unmittelbar bei und nach der Vertreibung ums Leben gekommenen Menschen. Die bisherigen Schätzungen deutscher und tschechischer Fachleute über diese Zahl bewegen sich zwischen 19 000 (nach der deutschen "Gesamterhebung", die etwa 5 000 Selbstmorde und über 6 000 Opfer der Gewalttaten festgestellt hatte) und 24 000 bis 30 000 (nach den Schätzungen tschechischer Forscher). Diese Zahlen wie auch die Zahl der tschechoslowakischen Verluste, die mit der Zahl 360 000 (darunter etwa 240 000 Opter der Rassenverfolgung) angegeben wird, bedürfen weiterer fachlicher Überprüfung.

16.

Druh a rozsah materiálních ztrát

Jestliže se historikům dosud nepodařilo zjistit rozsah materiálních ztrát ČSR let 1938/39–1945, je tomu tak proto, že autoři pro jejich kategorizaci a sumarizaci vypracovali rozdílná kritéria. Totéž platí i o materiálních ztrátách německého obyvatelstva po roce 1945.

V té souvislosti existuje navíc nevyřešená otázka židovského majetku, buď vyvlastněného, nebo prodaného pod tlakem nezbytnosti odejít do emigrace.

Veškeré šetření komplikuje ještě okolnost, že rozsah nebo hodnoty jak průmyslového, tak zemědělského majetku je třeba odvozovat od dobových ekonomických funkcí, které se všeobecně a v měnících se podmínkách mnohdy velmi rychle samy proměňují.

17.

Odsunuté obyvatelstvo a jeho integrace do německé společnosti a vývoj československého pohraničí

Integrace Němců vyhnaných a nuceně vysídlených z Československa byla procesem, který se od integrace ostatních vyhnaných německých národnostních menšin principiálně nelišil. Toto začleňování probíhalo zprvu pod dohledem a odpovědností okupačních mocností v každé z jejich okupačních zón, později ve stále větší míře pod pravomocí německých úřadů. Obzvlášť významný počet vyhnaných a vysídlených sudetských Němců byl přijat v Bavorsku, kde jejich komunita v podobě krajanského sdružení (landsmanšaftu) dosáhla vysoké stability a vyvinula značnou aktivitu. Na základě krajanské solidarity a politického zájmu Svobodného státu Bavor-

16.

Art und Umfang der materiellen Verluste

Wenn es den Historikern bisher nicht gelungen ist, den Umfang der materiellen Verluste der ČSR von 1938/39–1945 festzustellen, so deshalb, weil die Autoren unterschiedliche Kriterien für ihre Kategorisierung und Summierung entwickelten. Das gleiche gilt auch für die materiellen Verluste der deutschen Bevölkerung nach 1945.

Zudem existiert in diesem Zusammenhang auch noch die ungelöste Frage des jüdischen, unter Emigrationsdruck verkauften oder enteigneten Besitzes.

Alle Ermittlungen werden noch kompliziert durch den Umstand, daß sowohl industrielle als auch landwirtschaftliche Besitzgrößen oder -werte aus den zeitgenössischen ökonomischen Funktionen herzuleiten sind, die sich im allgemeinen und manchmal sehr rasch unter veränderten Umständen wandeln.

17.

Die Integration der Vertriebenen in die deutsche Gesellschaft und die Entwicklung des Grenzlandes der Tschechoslowakei

Die Integration der Vertriebenen und zwangsausgesiedelten Deutschen aus der Tschechoslowakei war ein Vorgang, der sich nicht grundsätzlich von der Integration anderer vertriebener deutscher Volksgruppen unterschied. Sie erfolgte zunächst unter der Kontrolle und der Verantwortung der Alliierten für ihre jeweiligen Besatzungszonen, dann zunehmend unter der deutscher Behörden. Ein besonders hoher Anteil der vertriebenen und ausgesiedelten Sudetendeutschen fand Aufnahme in Bayern, wo sich eine hohe Stabilität und Aktivität ihres Zusammenschlusses als Landsmannschaft entwickelte. Sie hat aus landsmannschaftlicher Solidarität und politi-

sko se jí dostalo ze strany bavorské vlády výrazné podpory. V ostatních spolkových zemích byly podmínky v tak či onak modifikované podobě srovnatelné, neplatilo to však pro sudetské Němce přijaté sovětskou okupační zónou/NDR. Nemálo z nich dříve nebo později přesídlilo do Spolkové republiky.

Celkově lze ekonomickou, sociální a politickou integraci sudetských Němců v obou bývalých německých státech označit jako úspěšnou. Mezi sudetskými Němci zůstalo zachováno – a dále se v organizačním rámci spolkové činnosti pěstuje – pochopitelné povědomí domova a tradic, které svůj výraz nalézá mj. v četných návštěvách jednotlivců a skupin ve staré vlasti.

Jestliže vyhnání a nucené vysídlení Němců bylo pro československou vládu naplněním takového řešení, o jaké usilovala, vyplynuly z toho pro ČSR na druhé straně mimořádně velké problémy, které dodnes nejsou ekonomicky ani sociálně zcela zvládnuty. Jmenovat je zapotřebí demografické, hospodářské a kulturní oživení pohraničních oblastí, na které se i z vojenského hlediska hledělo jako na pohraniční území celého sovětského bloku; rozmanité důsledky, které z toho plynou, nejsou dodnes téměř vůbec prozkoumány. Československá strana nepopírá, že při návratu lidí, kteří emigrovali anebo uprchli po 1. říjnu 1938, jakož i při usídlování Čechů a Slováků, kteří se přestěhovali ze Sovětského svazu a z ostatních států, zpočátku často panoval nezákonný stav. Nepopírá se ani to, že mnozí Němci, kteří zůstali a jimž byla odebrána československá státní příslušnost, byli občansky proskribováni; i po opětném přiznání občanských práv zůstali v mnoha ohledech "občany druhé kategorie". (To ovšem platí i pro další skupiny lidí, kteří byli pod komunistickou egidou diskriminováni.) Bilanci opětného nabytí českých a moravských území vyklizených německým obyvatelstvem na konci druhé světové války nelze celkově hodnotit jako ekonomicky pozitivní. Toto konstatování znovu připomíná dalekosáhlé přímé i nepřímé důsledky nacistické doby a druhé světové války.

schem Interesse des Freistaates Bayern starke Förderung durch die bayerische Staatsregierung gefunden. Vergleichbare Bedingungen waren in modifizierter Form in anderen Bundesländern, nicht aber für die in der SBZ/DDR aufgenommenen Sudetendeutschen gegeben. Nicht wenige von ihnen sind früher oder später in die Bundesrepublik übergesiedelt.

Insgesamt kann die ökonomische, soziale und politische Integration der Sudetendeutschen in den beiden ehemaligen deutschen Staaten als gelungen gelten. Geblieben ist – und wird verbandspolitisch gepflegt – auf seiten der Sudetendeutschen ein verständliches Heimat- und Traditionsbewußtsein, das u. a. in zahlreichen Besuchen von Einzelnen und Gruppen in der alten Heimat Ausdruck findet.

Bedeutete die Vertreibung und Zwangsaussiedlung der Deutschen für die tschechoslowakische Regierung den Vollzug der von ihr angestrebten Lösung, so resultierten daraus für die ČSR gleichwohl außerordentliche Probleme, die bis in die Gegenwart hinein ökonomisch und sozial nicht voll bewältigt sind. Zu nennen sind hier das demographische, wirtschaftliche und kulturelle Retablissement der Grenzgebiete, die auch aus militärischer Sicht als Grenzland des ganzen sowjetischen Blocks angesehen wurden; die vielfältigen sich daraus ergebenden Folgen sind bisher kaum erforscht. Daß es am Anfang bei der Rückkehr der nach dem 1. Oktober 1938 Emigrierten und Geflohenen und der Neuansiedlung aus der Sowjetunion und anderen Staaten umgesiedelter Tschechen und Slowaken oft auch rechtlose Verhältnisse gegeben hat, wird von tschechoslowakischer Seite nicht bestritten. Ebensowenig, daß viele verbliebene Deutsche, denen die tschechoslowakische Staatsangehörigkeit aberkannt wurde, geächtet wurden; sie sind in mancher Hinsicht auch nach der Wiederzuerkennung des Bürgerrechts "Bürger zweiter Klasse" geblieben. (Dies gilt allerdings auch für andere Personenkreise, die unter kommunistischer Ägide diskriminiert wurden.) Insgesamt kann die Bilanz der Wiedergewinnung der von der

K požadavkům sudetoněmeckého krajanského sdružení, k českým postojům k nim, ani k dalším otázkám, které jsou toho času předmětem bilaterárních diplomatických jednání, nezaujímá komise historiků žádné stanovisko. Doporučuje však vytvořit nezávislé diskusní fórum k celému okruhu problémů česko-německých vztahů.

18.
Vývoj vztahů mezi oběma německými státy a Československem a význam německého znovusjednocení pro německo-český poměr

Existence dvou německých států – z nichž jeden, Německá demokratická republika, spolu s Československou (socialistickou) republikou přináležel sovětskému hegemonistickému svazku socialistických států, a druhý, Spolková republika Německo, byl součástí západního demokratického světa a zároveň Evropského společenství a NATO – dorozumění mezi Spolkovou republikou a ČS(S)R bránila, ale nezabránila mu. Docházelo k němu jen velmi pomalu a vždycky bylo podstatnou měrou formováno vnitropolitickou konstelací v obou zemích.

K důsledkům studené války patřilo i to, že ČSR a NDR, obě jako "bratrské socialistické země", už v červnu 1950 podepsaly v Praze deklaraci o "přátelství a spolupráci". Jakákoli otevřená diskuse o společné katastrofě let 1938–1948 však byla potlačována; první Československá republika i Výmarská republika byly prezentovány jako buržoazní státy se všemi

deutschen Bevölkerung entleerten böhmisch-mährischen Ge-
biete am Ende des Zweiten Weltkrieges für die ČSR als öko-
nomisch nicht positiv gewertet werden. Diese Feststellung
weist noch einmal auf weitreichende direkte und indirekte
Folgen der nationalsozialistischen Zeit und des Zweiten Welt-
krieges.

Zu den Forderungen der Sudetendeutschen Landsmann-
schaft, tschechischen Einstellungen dazu wie auch anderen
Fragen, die zur Zeit Gegenstand der bilateralen diplomati-
schen Verhandlungen sind, nimmt die Historikerkommission
keine Stellung. Sie empfiehlt aber die Schaffung eines unab-
hängigen Diskussionsforums zum gesamten Problemkreis der
deutsch-tschechischen Beziehungen.

18.

Die Entwicklung des Verhältnisses zwischen
den beiden deutschen Staaten und der Tschechoslowakei
und die Bedeutung der deutschen Wiedervereinigung
für das deutsch-tschechische Verhältnis

Zweifellos hat die Existenz zweier deutscher Staaten, von de-
nen der eine – die Deutsche Demokratische Republik – ge-
meinsam mit der Tschechoslowakischen (Sozialistischen) Re-
publik dem sowjetischen Hegemonialverband der sozialisti-
schen Staatengemeinschaft, der andere – die Bundesrepublik
Deutschland – zu den demokratischen Westmächten zählte
und der Europäischen Gemeinschaft sowie der NATO ange-
hörte – die Verständigung zwischen der Bundesrepublik und
der ČS(S)R behindert, jedoch nicht verhindert. Sie kam nur
langsam in Gang und blieb wesentlich geformt von den in-
nenpolitischen Konstellationen in beiden Ländern.

Zu den Konsequenzen des Kalten Krieges gehörte auch,
daß ČSR wie DDR als "sozialistische Bruderländer" schon im
Juni 1950 eine Erklärung über "Freundschaft und Zusammen-

chybami kapitalistické politiky. Oba státy měla spojovat spo-
lečná socialistická budoucnost sovětského ražení a ta v tomto
duchu měla vyřešit i všechny národnostní problémy. Přitom
však se NDR pokoušela své specifické zájmy v socialistickém
táboře prosazovat i vůči ČSR. Vyvrcholilo to v jejím agresiv-
ním postoji vůči československé reformní politice roku 1968,
který přispěl k invazi států Varšavského paktu do ČSSR. V
době takzvané "normalizace" byly takové rozpory na politické
úrovni formálně "urovnány", ale v široké československé ve-
řejnosti se zakořenil ostrý odpor vůči východoberlínskému re-
žimu. V opozičním hnutí v NDR naproti tomu dál působily
impulsy "Pražského jara". Ulehčily pak sblížení s českoslo-
venským disidentským hnutím v osmdesátých letech.

Ve Spolkové republice vyvolalo "Pražské jaro" značnou
pozornost i účast a jeho zmar pak přinesl zklamání. Zanecha-
lo ale i sympatie k zemi, v níž proběhlo reformní hnutí s cí-
lem dosáhnout "socialismu s lidskou tváří" a v níž se o dese-
tiletí později přihlásilo ke slovu občanské hnutí "Charta 77".

Jednání s Prahou, zahájená v roce 1970 v souvislosti s no-
vou východní politikou spolkové vlády, vedla po úporném
zápolení koncem roku 1973 ke smlouvě, v níž byla mnichov-
ská dohoda z roku 1938 označena za "nulitní". Tím byl učiněn
první krok k dorozumění a ke stabilizaci zahraničněpolitic-
kých vztahů; zatímco v českém obyvatelstvu nabýval na síle
vstřícný postoj vůči Spolkové republice, vztahy mezi oběma
státy zůstaly mrazivé. V dalším vývoji se na obou stranách
naskýtaly nejrůznější překážky, ve Spolkové republice to v ne-
poslední řadě byly revizionistické požadavky sudetoněmecké-
ho krajanského sdružení, které v Československé socialistické
republice narážely na ostré odsudky. Hrozba sudetoněmecké-
ho revizionismu patřila k posledním reliktům komunistické
propagandy. Politický a hospodářský rozvoj Spolkové repu-
bliky se však v širokých kruzích československé veřejnosti se-
tkal se sympatiemi. Otevřená diskuse o společné minulosti byla
možná pouze mezi disidenty; vyvrcholila přitakáním k sjedno-
cení obou německých států ("Pražská výzva" z roku 1985).

arbeit" unterzeichneten. Jede offene Diskussion über die gemeinsame Katastrophe 1938–1948 wurde aber unterdrückt; die Erste Tschechoslowakische Republik wie auch die Weimarer Republik erschienen als bourgeoise Staaten mit allen Fehlern kapitalistischer Politik. Die gemeinsame sozialistische Zukunft sowjetischer Prägung sollte die beiden Staaten verbinden und auf diese Weise auch alle Nationalitätenprobleme lösen. Dabei suchte die DDR aber, ihre spezifischen Interessen im sozialistischen Lager auch gegenüber der ČSR durchzusetzen. Das gipfelte in ihrer aggressiven Haltung gegenüber der tschechoslowakischen Reformpolitik des Jahres 1968 und trug zur Invasion der Warschauer-Pakt-Staaten in die ČSR bei. In der Zeit der sogenannten "Normalisierung" nach der Niederlage des "Prager Frühlings" wurden solche Gegensätze auf politischer Ebene formell "bereinigt", aber in der breiten tschechoslowakischen Öffentlichkeit blieb als Folge scharfe Abneigung gegenüber dem Ostberliner Regime. In der DDR wirkten dagegen die Impulse des "Prager Frühlings" in der oppositionellen Bewegung fort. Sie erleichterten die Annäherung an die tschechoslowakische Dissidentenbewegung in den achtziger Jahren.

In der Bundesrepublik hat der "Prager Frühling" starke Aufmerksamkeit und Anteilnahme gefunden, seine Niederschlagung Enttäuschung ausgelöst, allerdings auch Sympathien für ein Land hinterlassen, in dem eine Reformbewegung mit dem Ziel eines "Sozialismus mit menschlichem Antlitz" stattgefunden hatte und in dem sich ein Jahrzehnt später die Bürgerrechtsbewegung "Charta '77" zu Wort meldete.

Die 1970 im Zuge der neuen Ostpolitik der Bundesregierung aufgenommenen Verhandlungen mit Prag führten nach zähem Ringen Ende 1973 zu einem Vertrag, in dem das Münchener Abkommen von 1938 als "nichtig" bezeichnet wurde. Damit war ein erster Schritt zur Verständigung und Stabilisierung der außenpolitischen Beziehungen getan; während sich in der Bevölkerung allmählich ein aufgeschlossenes Verhältnis zur Bundesrepublik entwickelte, blieben die zwischen-

Další krok byl možný zásluhou pokojných revolucí v tehdejší NDR a v Československu, otevřením československých hranic pro uprchlíky z NDR a chápavým postojem svobodné české a slovenské veřejnosti k německému sjednocení. Reprezentativní formy nabyl v dopisech a projevech prezidenta Havla na přelomu let 1989/90, v nichž vyslovil politování nad vyhnáním sudetských Němců. Stejně tak prezident von Weizsäcker ve své řeči 15. března 1990 v Praze hovořil o bezpráví, kterého se Němci na Češích a Slovácích dopustili, a zdůraznil zvláštní zodpovědnost Němců za mír. Nyní byly možné další kroky směrem ke sblížení, k nimž patřilo i založení Společné komise historiků v roce 1990.

Rozvíjely se četné aktivity na mnoha úrovních a spolupráce zakotvená ve smlouvě o dobrém sousedství a přátelské spolupráci z 27. února 1992 se osvědčila. Přesto zůstaly v německo-českých vztazích otevřené problémy, patří k nim i nedostatečné zpracování minulosti a jejího pošramoceného dědictví.

staatlichen Beziehungen frostig. Auf dem weiteren Weg hat es auf beiden Seiten vielfältige Hindernisse gegeben, in der Bundesrepublik nicht zuletzt durch revisionistische Forderungen der Sudetendeutschen Landsmannschaft, die in der Tschechoslowakischen Sozialistischen Republik auf scharfe Ablehnung trafen. Immerhin gehörte die Drohung mit dem sudetendeutschen Revisionismus zu den letzten Relikten der kommunistischen Propaganda. Dennoch fand die politische und wirtschaftliche Entfaltung der Bundesrepublik in Teilen der tschechoslowakischen Öffentlichkeit Sympathie. Eine offene Diskussion über die gemeinsame Vergangenheit war nur unter Dissidenten möglich; sie gipfelte im Plädoyer für die Vereinigung beider deutscher Staaten ("Prager Aufruf" von 1985).

Ein weiterer Schritt wurde möglich durch die friedlichen Revolutionen in der damaligen DDR und in der Tschechoslowakei, die Öffnung der tschechoslowakischen Grenzen für DDR-Flüchtlinge und durch das Verständnis der freien tschechischen und slowakischen Öffentlichkeit für die deutsche Vereinigung. Er fand repräsentativen Ausdruck in Briefen und Reden Präsident Havels um den Jahreswechsel 1989/90, in denen er die Vertreibung der Sudetendeutschen bedauerte, wie auch in der Prager Rede Präsident von Weizsäckers am 15. März 1990, in der er das den Tschechen und Slowaken von den Deutschen zugefügte Unrecht ansprach und die besondere Verantwortung der Deutschen für den Frieden betonte. Jetzt waren weitere Schritte der Annäherung möglich, zu denen auch die Gründung der Gemeinsamen Historikerkommission 1990 gehörte.

Es entfalteten sich zahlreiche Aktivitäten auf vielen Ebenen, und die im Nachbarschafts- und Freundschaftsvertrag vom 27. Februar 1992 verankerte Zusammenarbeit hat sich bewährt. Trotzdem bleiben in den deutsch-tschechischen Beziehungen Probleme offen. Zu ihnen gehört nicht zuletzt die ungenügende Aufarbeitung der Vergangenheit und ihrer Belastungen.

19.

Česko-německé vztahy v historiografii

Na rozdíl od doby před druhou světovou válkou a po ní dochází mezi českým a německým dějepisectvím k pozoruhodnému sblížení koncepčních stanovisek, také díky kolegiálním kontaktům (prvopočátky spadají už do šedesátých let). Předcházející izolaci obou stran vystřídaly živé vzájemné styky: německy psaná historiografie představuje dnes pro českou historickou vědu nejbližšího partnera; rovněž v německém dějepisectví (díky historiografii českých zemí, kterou založili němečtí kolegové pocházející většinou z Československa) se českým tématům, resp. tématům českých zemí dostává větší pozornosti než problematice ostatních malých národů. V rostoucí míře kompatibilní je obojí dějepisectví i svými koncepty a strukturou (školy, tematika ap.).

V německé historické vědě byla odmítnuta a úspěšně překonána snaha o vytvoření separátní "sudetoněmecké historie" – mnohdy ovšem za cenu, že se této problematice nevěnovala dostatečná pozornost (v sudetoněmecké historické publicistice je ovšem tento novotvar stále ještě aktualizován). Široká "bohemistická" či "multikulturní" perspektiva, která Němce a Židy akceptuje jako organickou součást historie českých zemí, se prosazuje rovněž v české historiografii – ne tak v publicistice – oproti tradičnímu českému, národně omezenému pojetí dějin: podobné tendence se rýsují i v českých školních učebnicích. Ve vzrušené atmosféře postkomunistického období to nebývá vždy jednoduché. Tato tendence je posilována i uplatněním komparativních, středoevropských a celoevropských hledisek. Odráží se to i v rostoucím počtu multilaterárních vědeckých konferencí, projektů ap.

Ačkoli zvláště publicisticky orientovaná literatura a rovněž některé učebnice vykazují ještě značné deficity, ve vzájemných znalostech historie celkově došlo k významným pokrokům: německá veřejnost má k dispozici pozoruhodná díla německé historiografie českých zemí (zvláště publikace Colle-

19.

Die tschechisch-deutschen Beziehungen in der Geschichtswissenschaft

Im Unterschied zu der Zeit vor und nach dem Zweiten Weltkrieg ist es zwischen der tschechischen und der deutschen Geschichtswissenschaft, auch dank der kollegialen Kontakte, zu einer wachsenden Annäherung der Auffassungen gekommen (die ersten Ansätze dazu fallen bereits in die sechziger Jahre). Die vorherige Isolation der beiden Seiten wurde von regen Kontakten abgelöst: Die deutschsprachige Geschichtswissenschaft stellt heute für die tschechische Geschichtswissenschaft den am nächsten stehenden Partner dar; auch in der deutschen Historiographie (dank der historischen Bohemistik, die von deutschen Fachkollegen meist tschechoslowakischer Herkunft gegründet wurde) haben tschechische und böhmische Themen größere Aufmerksamkeit gefunden als die Problematik anderer kleiner Nationen. Auch durch ihre Struktur (Schulen, Thematik u. ä.) werden beide Geschichtsauffassungen in immer stärkerem Maße kompatibel.

In der deutschen Geschichtswissenschaft wurde die Neuschöpfung einer separaten "sudetendeutschen Geschichte" abgelehnt und erfolgreich überwunden – manchmal um den Preis, daß diese Problematik außer acht gelassen wurde (in der sudetendeutschen Geschichtspublizistik wird jedoch die Neuschöpfung immer noch aktualisiert). Die umfassende "bohemistische" oder "multikulturelle" Perspektive, die Deutsche und Juden als einen organischen Bestandteil der Geschichte der böhmischen Länder akzeptiert, setzt sich auch in der tschechischen Geschichtswissenschaft – nicht so in der Publizistik – gegen die traditionelle tschechische, national begrenzte Auffassung der Geschichte durch; ähnliche Tendenzen zeichnen sich in der tschechischen Schulbuchliteratur ab. Heute, in der gereizten Atmosphäre der postkommunistischen Ära, ist dies nicht immer leicht. Diese Tendenz wird durch die Anwendung komparativer, mittel- und gesamteuropäischer

gia Carolina); rovněž na české straně se rychle zaplňují mezery ve znalostech německé historické reality, zvláště ve sféře vzájemných vztahů Čechů a Němců v českých zemích. Nedostatky jsou ve výzkumu mezistátních vztahů. Pokud jde o publikace z oboru historické vědy, je třeba jako neuspokojivé označit překladatelské aktivity, jejichž zintenzivnění by bylo žádoucí obzvlášť na německé straně, neboť čeština je Němcům méně známá než němčina Čechům.

Starší historie (přibližně po přelom 18. a 19. století), kterou komise speciálně neprojednávala, nepředstavuje už politicky brizantní látku jako kdysi; interpretační rozdíly a různosti v pojetí se pohybují v rámci obvyklého názorového spektra a vyhraněně nacionální charakter mají dnes pouze v malé míře.

Totéž platí i o historii nejnovější (po roce 1948/49), kde společné překonávání předsudků z doby komunismu a studené války sbližuje stanoviska. Avšak i v hodnocení dějin "nacionalistického století" (1848–1948) se názory významně sblížily a mnohé interpretační a názorové rozdíly neprobíhají už podle nacionálních linií. Mnohem větším nedostatkem jsou však mezery ve výzkumu. I tak zbývá – jak ostatně vyplývá i z předcházejícího textu – řada otázek, v nichž se názory většiny českých a německých historiků rozcházejí, i když jejich rozsah není takový jako ještě před nedávnem. Ve vztazích mezi historiky obou zemí zavládla atmosféra, která umožňuje, aby se tyto otázky projednávaly v otevřeném dialogu, při němž se však nikterak nenarušují vzájemné kolegiální vztahy. Paradox, že v době všemožně politizovaných rozepří o minulost jsou vztahy mezi historiky, tedy odborníky na tuto minulost, tak dobré jako nikdy předtím (dělná a vstřícná atmosféra v komisi historiků je jedním z mnoha příkladů), naznačuje, že minulost nemusí být v přítomnosti ani v budoucnosti nepřekonatelnou překážkou pozitivních německo-českých vztahů.

Časem i nejtrýznivější kapitoly "společné česko-německé historie" přestávají být součástí žité historie, poznenáhlu se

Gesichtspunkte verstärkt. Das spiegelt sich auch in der wachsenden Zahl multilateraler wissenschaftlicher Konferenzen, Projekte u. ä. wider.

Obwohl insbesondere die publizistisch orientierte Literatur und auch manche Lehrbücher immer noch große Defizite aufweisen, ist es insgesamt zu beachtlichen Fortschritten in der gegenseitigen Kenntnis der Geschichte gekommen: Der deutschen Öffentlichkeit stehen bemerkenswerte Veröffentlichungen der deutschen historischen Bohemistik zur Verfügung (insbesondere Publikationen des Collegium Carolinum); auch auf der tschechischen Seite werden schnell die Lücken in der Kenntnis der deutschen historischen Realität aufgefüllt, insbesondere im Bereich der gegenseitigen Beziehungen der Tschechen und Deutschen in den böhmischen Ländern. Mängel gibt es in der Erforschung der zwischenstaatlichen Beziehungen. Als nicht befriedigend sind – was die geschichtswissenschaftlichen Veröffentlichungen betrifft – die Übersetzungsaktivitäten zu bezeichnen, deren Verstärkung insbesondere auf deutscher Seite zu begrüßen wäre, da die tschechische Sprache bei den Deutschen weniger bekannt ist als die deutsche bei den Tschechen.

Die ältere Geschichte (ungefähr bis zur Wende vom 18. zum 19. Jahrhundert), die die Kommission speziell nicht thematisiert hatte, bildet keinen politisch brisanten Stoff mehr wie einst; die Interpretationsunterschiede und Verschiedenheiten der Auffassungen bewegen sich im Rahmen des üblichen Meinungsspektrums und weisen heute nur in geringem Maß einen ausgeprägt nationalen Charakter auf.

Dasselbe gilt auch für die neueste Geschichte (nach 1948/49), wo die gemeinsame Überwindung der Vorurteile aus der Zeit des Kommunismus und des Kalten Krieges die Standpunkte angenähert hat. Aber auch in der Bewertung der Geschichte des "nationalistischen Jahrhunderts" (1848–1948) kam es zu einer bedeutenden Annäherung der Standpunkte, und manche Interpretationsunterschiede und Meinungsverschiedenheiten verlaufen nicht mehr entlang nationaler Linien. Einen viel größeren Mangel stellen Forschungslücken

mění ve vědecký předmět, přístupný střízlivé analýze. Takto pojatou historizací se účastenství s lidským zármutkem a nezbytné morální odsouzení zločinů ani nevysouvá do popředí, ani se nepotlačuje. Často vyslovovanému požadavku, aby se za minulostí udělala "tlustá čára", může vyhovět politika, historická věda však nikoli. Zkušenosti od druhé světové války prokázaly, že politika může šrámy minulosti ponechat v klidu, a aniž by je potlačovala, konstruktivně na nich stavět. Úkolem historické vědy je minulost bez předsudků osvětlovat, prohlubovat – i ve veřejnosti – její znalost a nakonec i umožnit vyvážený soud. V tom bude také spočívat nejdůležitější příspěvek historické vědy k žádoucímu česko-německému sblížení.

dar. Auch so verbleibt – wie übrigens aus dem voraufgegangenen Text hervorgeht – noch eine Reihe von Fragen, in denen die Ansichten der meisten tschechischen und deutschen Historiker auseinandergehen, wenn auch nicht mehr in dem Umfang, wie es bis vor kurzem noch der Fall war. In den Beziehungen zwischen Historikern beider Länder ist eine Atmosphäre entstanden, die es ermöglicht, diese Fragen in einem offenen Fachdialog zu verhandeln, ohne daß davon die gegenseitigen kollegialen Beziehungen gestört würden. Das Paradoxon, daß in der Zeit der verschiedentlich politisierten Streitigkeiten um die Vergangenheit die Beziehungen unter den Historikern, also den Fachleuten für diese Vergangenheit, so gut wie nie zuvor sind (die leistungsfähige und entgegenkommende Atmosphäre in der Historikerkommission ist eines der vielen Beispiele dafür), deutet an, daß die Vergangenheit kein unüberwindliches Hindernis für positive deutsch-tschechische Beziehungen in der Gegenwart und Zukunft bedeuten muß.

Mit der Zeit hören auch die schmerzlichsten Kapitel der "gemeinsamen tschechisch-deutschen Geschichte" auf, erlebte Geschichte zu sein, sie verwandeln sich allmählich in einen Gegenstand der Wissenschaft, der der nüchternen Analyse zugänglich wird. Durch eine so geartete Historisierung werden Anteilnahme am menschlichen Leid und notwendige moralische Verurteilung von Untaten weder in den Vordergrund gerückt noch andererseits verdrängt. Der oft geäußerten Forderung, einen "dicken Strich" unter die Vergangenheit zu ziehen, kann zwar die Politik, nicht aber die Geschichtswissenschaft nachkommen. Die Erfahrung seit dem Zweiten Weltkrieg hat gezeigt, daß die Politik Belastungen aus der Vergangenheit ruhen lassen und, ohne sie zu verdrängen, konstruktiv darauf aufbauen kann. Aufgabe der Geschichtswissenschaft bleibt es, das Vergangene vorbehaltlos aufzuklären, dessen Kenntnis – auch in der Öffentlichkeit – zu vertiefen und schließlich ein abgewogenes Urteil zu ermöglichen. Darin wird auch der wichtigste Beitrag der Geschichtswissenschaft zur erwünschten tschechisch-deutschen Annäherung liegen.

PŘÍLOHA

Členové Společné česko-německé a slovensko-německé komise historiků
(stav: květen 1996)

Členové ve Spolkové republice Německo

Emer. univ. prof. Dr. Dr. h. c. Rudolf **Vierhaus** (předseda), ředitel v. v. Ústavu Maxe Plancka pro dějiny, Göttingen

Univ. prof. Dr. Detlef **Brandes**, Ústav pro kulturu a dějiny Němců ve východní Evropě, Univerzita Heinricha Heina, Düsseldorf

Univ. prof. Dr. Monika **Glettler**, katedra historie univerzity Freiburg (novější a východoevropské dějiny), Freiburg i. Br.

Univ. prof. Dr. Ludolf **Herbst**, Ústav historických věd, soudobé dějiny, Humboldtova univerzita, Berlín

Univ. prof. Dr. Jörg K. **Hoensch**, obor dějin východní Evropy, Historický ústav, Sárská univerzita, Saarbrücken

Univ. prof. Dr. Hans **Lemberg**, katedra východoevropské historie, Philippova univerzita Marburg

Univ. prof. Dr. Hans **Mommsen**, fakulta historických věd, Rúrská univerzita, Bochum

Emer. univ. prof. Dr. PhDr. h. c. Ferdinand **Seibt**, 1. předseda Collegia Carolina, Mnichov

Dr. Peter **Heumos**/Dr. Michaela **Marek** (věd. tajemníci), vědečtí pracovníci Collegia Carolina, Mnichov

ANHANG

Mitglieder der Gemeinsamen deutsch-tschechischen
und deutsch-slowakischen Historikerkommission
(Stand: Mai 1996)

Mitglieder in der Bundesrepublik Deutschland

Prof. Dr. Dr. h. c. Rudolf **Vierhaus** (Vorsitzender), Universitätsprofessor em., Direktor a. D. des Max-Planck-Instituts für Geschichte, Göttingen

Prof. Dr. Detlef **Brandes**, Universitätsprofessor, Institut für Kultur und Geschichte der Deutschen im östlichen Europa, Heinrich-Heine-Universität, Düsseldorf

Prof. Dr. Monika **Glettler**, Universitätsprofessorin, Historisches Seminar der Universität Freiburg (Neuere und Osteuropäische Geschichte), Freiburg i. Br.

Prof. Dr. Ludolf **Herbst**, Universitätsprofessor, Institut für Geschichtswissenschaften, Zeitgeschichte, Humboldt-Universität, Berlin

Prof. Dr. Jörg K. **Hoensch**, Universitätsprofessor, Fachgebiet Osteuropäische Geschichte, Historisches Institut, Universität des Saarlandes, Saarbrücken

Prof. Dr. Hans **Lemberg**, Universitätsprofessor, Seminar für osteuropäische Geschichte, Philipps-Universität Marburg

Prof. Dr. Hans **Mommsen**, Universitätsprofessor, Fakultät für Geschichtswissenschaften, Ruhr-Universität, Bochum

Prof. Dr. PhDr. h. c. Ferdinand **Seibt**, Universitätsprofessor em., 1. Vorsitzender des Collegium Carolinum, München

Dr. Peter **Heumos**/Dr. Michaela **Marek** (wiss. Sekretäre), wissenschaftliche Mitarbeiter, Collegium Carolinum, München

Členové v České republice

Univ. prof. PhDr. Jan **Křen**, DrSc. (předseda), ředitel Institutu mezinárodních studií Fakulty sociálních věd Univerzity Karlovy, Praha

Univ. doc. PhDr. Zdeněk **Beneš**, CSc., Ústav českých dějin Filozofické fakulty Univerzity Karlovy, Praha

PhDr. Stanislav **Biman**, historik, Ministerstvo zahraničních věcí České republiky, Praha

PhDr. Václav **Kural**, CSc., vědecký pracovník, Ústav mezinárodních vztahů, Praha

Univ. doc. PhDr. Jiří **Malíř**, CSc., Filozofická fakulta Masarykovy univerzity, Brno

Univ. doc. PhDr. Jiří **Pešek**, CSc., Institut mezinárodních studií Fakulty sociálních věd Univerzity Karlovy, Praha

Univ. doc. PhDr. Vilém **Prečan**, CSc., ředitel Ústavu pro soudobé dějiny Akademie věd České republiky, Praha

PhDr. Václav **Maidl** (věd. tajemník), vědecký pracovník, Institut mezinárodních studií Fakulty sociálních věd Univerzity Karlovy, Praha

Členové ve Slovenské republice

PhDr. Dušan **Kováč**, DrSc. (predseda), riaditeľ Historického ústavu Slovenskej akadémie vied, Bratislava

PhDr. Ľubomír **Lipták**, DrSc., vedecký pracovník, Historický ústav Slovenskej akadémie vied, Bratislava

Univ. prof. Dr. Jozef **Faltus**, Národohospodárska fakulta Ekonomickej univerzity, Bratislava

PhDr. Edita **Ivaničková**, CSc. (ved. tajomníčka), vedecká pracovníčka, Historický ústav Slovenskej akadémie vied, Bratislava

Mitglieder in der Tschechischen Republik

Prof. Dr. Jan **Křen**, DrSc. (Vorsitzender), Direktor des Instituts für Internationale Studien der Sozialwissenschaftlichen Fakultät der Karls-Universität, Prag

Doz. Dr. Zdeněk **Beneš**, CSc., Universitätsdozent, Institut für böhmische/tschechische Geschichte der Philosophischen Fakultät der Karls-Universität, Prag

Dr. Stanislav **Biman**, Historiker, Außenministerium der Tschechischen Republik, Prag

Dr. Václav **Kural**, CSc., wissenschaftlicher Mitarbeiter, Institut für Internationale Beziehungen, Prag

Doz. Dr. Jiří **Malíř**, CSc., Universitätsdozent, Philosophische Fakultät der Masaryk-Universität, Brünn

Doz. Dr. Jiří **Pešek**, CSc., Universitätsdozent, Institut für Internationale Studien der Sozialwissenschaftlichen Fakultät der Karls-Universität, Prag

Doz. Dr. Vilém **Prečan**, CSc., Direktor des Instituts für Zeitgeschichte der Akademie der Wissenschaften der Tschechischen Republik, Prag

Dr. Václav **Maidl** (wiss. Sekretär), wissenschaftlicher Mitarbeiter, Institut für Internationale Studien der Sozialwissenschaftlichen Fakultät der Karls-Universität, Prag

Mitglieder in der Slowakischen Republik

Dr. Dušan **Kováč**, DrSc. (Vorsitzender), Direktor Historischen Instituts der Slowakischen Akademie der Wissenschaften, Bratislava

Prof. Dr. Jozef **Faltus**, Universitätsprofessor, Volkswirtschaftliche Fakultät der Wirtschaftswissenschaftlichen Universität, Bratislava

Dr. Ľubomír **Lipták**, DrSc., wissenschaftlicher Mitarbeiter, Historisches Institut der Slowakischen Akademie der Wissenschaften, Bratislava

Dr. Edita **Ivaničková**, CSc. (wiss. Sekretärin), wissenschaftliche Mitarbeiterin, Historisches Institut der Slowakischen Akademie der Wissenschaften, Bratislava

Publikationen
der Gemeinsamen deutsch-tschechischen
und deutsch-slowakischen Historikerkommission

Publikace
Společné česko-německé a slovensko-německé
komise historiků

- Ungleiche Nachbarn. Demokratische und nationale Emanzipation bei Deutschen, Tschechen und S owaken (1815–1914). Für die deutsch-tschechisch-slowakische Historikerkommission hrsg. von Hans *Mommsen* und Jiří *Kořalka*. Essen: Klartext Verlag 1993 (Veröffentlichungen des Instituts für Kultur und Geschichte der Deutschen im östlichen Europa 1)

  Němci, Češi, Slováci. Souběžné a rozdílné tendence jejich společenského vývoje 1815–1918. Z pověření komise historiků Spolkové republiky Německo a České a Slovenské federativní republiky k vydání připravili Jiří *Kořalka* a Hans *Mommsen*. Praha: Ministerstvo zahraničních věcí České republiky 1992.

- Das Scheitern der Verständigung. Tschechen, Deutsche und Slowaken in der Ersten Republik (1918–1938). Für die deutsch-tschechisch-slowakische Historikerkommission hrsg. von Jörg K. *Hoensch* und Dušan *Kováč*. Essen: Klartext Verlag 1994 (Veröffentlichungen des Instituts für Kultur und Geschichte der Deutschen im östlichen Europa 2).

  Ztroskotání soužití. Češi, Němci a Slováci v první republice 1918–1939. Z pověření komise historiků Spolkové republiky Německo a České a Slovenské federativní republiky k vydání připravili Jörg K. *Hoensch* a Dušan *Kováč*. Praha: Ministerstvo zahraničních věcí České republiky 1993.

- Der Weg in die Katastrophe. Deutsch-tschechoslowakische Beziehungen 1938–1947. Für die deutsch-tschechisch-slowakische Historikerkommission hrsg. von Detlef *Brandes* und Václav *Kural*. Essen: Klartext Verlag 1994 (Veröffentlichungen des Instituts für Kultur und Geschichte der Deutschen im östlichen Europa 3).
  Cesta do katastrofy. Československo-německé vztahy 1938–1947. Referáty z třetí konference česko-německé historické komise, konané ve dnech 7.–9. října 1992 ve Štiříně u Prahy. Editor: Ivona *Řezanková* za spolupráce Václava *Kurala*. Vydal: Ústav mezinárodních vztahů za podpory nadace Konráda Adenauera. Praha s. d. [1993].

- [Das deutsch-tschechisch-slowakische Verhältnis 1948–1989]. Für die deutsch-tschechisch-slowakische Historikerkommission hrsg. von Hans *Lemberg*, Jan *Křen* und Dušan *Kováč*. Essen: Klartext Verlag (in Vorbereitung).
  [Československo-německé vztahy 1948–1989]. Z pověření německo-české a německo-slovenské komise historiků připravili Jan *Křen*, Dušan *Kováč* a Hans *Lemberg*. Praha (připravuje se).

- [Der Erste Weltkrieg als Wendepunkt in den Beziehungen zwischen Tschechen, Slowaken und dem Deutschen Reich]. Für die deutsch-tschechisch-slowakische Historikerkommission hrsg. von Hans *Mommsen*, Dušan *Kováč* und Jiří *Malíř*. Essen: Klartext Verlag (in Vorbereitung).
  [První světová válka jako mezník vztahů mezi Čechy, Slováky a Německou říší]. Z pověření německo-české a německo-slovenské komise historiků připravili Dušan *Kováč*, Jiří *Malíř* a Hans *Mommsen*. Praha (připravuje se).

- Erklärungen der deutsch-tschechischen und -slowakischen Historikerkommission von 1990 und 1995. In: Berichte zu Staat und Gesellschaft in der Tschechischen und in der Slowakischen Republik, Jg. 1995, H. 2, 33-36.

- Erklärung der deutsch-tschechischen und deutsch-slowakischen Historikerkommission vom 29. April 1995. In: Bohemia. Zeitschrift für Geschichte und Kultur der böhmischen Länder 36/1 (1995) 182-184.